AF272355

Depression und Psychose

Dieses Buch widme ich meinem lieben Ehemann und meinen lieben Eltern, die mich in meiner schwersten Zeit immer unterstützt haben.

KATRIN BIESE

Depression und Psychose

Wie ich nur knapp dem Tod entkam

Bibliografische Information der Deutschen Nationalbibliothek:
Die Deutsche Nationalbibliothek verzeichnet diese Publikation in
der Deutschen Nationalbibliografie; detaillierte bibliografische Daten
sind im Internet über dnb.d-nb.de abrufbar.

TWENTYSIX – der Self-Publishing-Verlag
Eine Kooperation zwischen der Verlagsgruppe Random House und
BoD – Books on Demand, Norderstedt
© 2019 Katrin Biese
Satz, Herstellung und Verlag:
BoD – Books on Demand, Norderstedt

ISBN: 978-3-7407-2429-0

An einem warmen Sommertag im August kam ich in Berlin zur Welt. Da ich im Sternzeichen des Löwen geboren wurde, fragte sich meine Mutter, ob ich in meinem Leben mal wie eine Löwin kämpfen werde.

Mein Vater war bei meiner Geburt nicht dabei, in den sechziger Jahren war das auch noch nicht üblich. Meine Mutter hatte ihn damals nach Neustrelitz in den Urlaub geschickt, zusammen mit seiner Schwiegermutter, die aus Polen kam, und meinen beiden Geschwistern. Damit meine Mutter nicht alleine in der Wohnung bleiben musste, verbrachte sie die Tage bis zu meiner Geburt bei ihrer Schwägerin.

Ich kam als drittes Kind zur Welt und war eigentlich nicht mehr gewollt, da meine Mutter mit zwei kleinen Kindern vollkommen ausgelastet war. Aber nun war sie das dritte Mal schwanger und einen Abbruch, wie es ab den siebziger Jahren möglich war, gab es damals noch nicht. Sie versuchte trotzdem mich irgendwie loszuwerden. Sie nahm während der Schwangerschaft sehr heiße Wannenbäder und sprang auch vom Schrank. Aber keine Chance, ich blieb fest in ihrem Bauch.

Als ich auf die Welt kam, freute sie sich riesig und war überglücklich, dass ich gesund war.

Mein Vater kehrte bald mit meinen Geschwistern und der Schwiegermutter aus dem Urlaub zurück. Ich lag im Bettchen und lächelte ihn sofort an. Er war glücklich und gerührt.

Mein Vater wollte mir den Namen Carmen geben, weil ich so schwarze Haare hatte und er an die Oper »Carmen« denken musste. Meine Mutter war aber dagegen, und so blieb es bei Simone Katrin. Ein typischer Name in den sechziger Jahren.

Wir wohnten zu fünft in einer Drei-Zimmer-Wohnung mitten in Prenzlauer Berg. Wir Kinder hatten ein gemeinsames Zimmer, das mit 28 Quadratmetern sehr groß war. Es war eine Altberliner Wohnung mit Parkett, und sogar ein Telefon gab es. Mein Vater, der 1963 in der Staatsoper Berlin als Tenor engagiert wurde, bekam diese Wohnung zugewiesen. Meine Eltern waren sehr glücklich darüber, dass wir Kinder so ein großes Zimmer hatten.

Als ich ungefähr drei Jahre alt war, fuhr ich mit meinem Roller oft auf den Innenhof, wo ich mich gerne aufhielt. Ich erinnere mich, dass es dort kühl war und in der Mitte des Hofes der Farn blühte. Meine Mutter schaute immer aus dem Küchenfenster und vergewisserte sich, ob ich auch zu sehen war.

Ich war mit vielen Kindern aus der Nachbarschaft befreundet. Wir trafen uns oft zum Spielen und ein Junge, der stotterte, war auch immer dabei. Eines Tages schenkte ich ihm Bonbons und er gab mir einen Kuss auf meinen Mund. Das war sozusagen mein erster Kuss, mit drei Jahren.

Ich ging nicht in den Kindergarten, weil meine Mutter damals nur halbtags arbeitete und mein Vater immer mittags von der Probe nach Hause kam. Somit war ich meistens nur eine Stunde alleine zu Hause. Meine Mutter rief mich in der Zeit immer an und ich hatte keine Angst, ich konnte dann mit meinen Puppen spielen.

Vielleicht wäre es besser gewesen, ich wäre in den Kindergarten gegangen und hätte dort mit anderen Kindern spielen können. Meine Mutter kann mir bis heute nicht erklären, warum ich das nicht durfte. Meine beiden Geschwister besuchten den Kindergarten, das war in der ehemaligen DDR auch ganz normal. Aber ich entwickelte mich gut.

1969 zogen wir nach Biesdorf in ein Haus, dort hatten wir alle mehr Platz und ich konnte im Garten spielen und toben.

Im September 1971 war meine Einschulung und ich freute mich darauf, endlich die Schule besuchen zu dürfen. Nach dem Unterricht ging ich in den Hort, dort wurden dann die Schulaufgaben gemacht.

Ich bin mit meiner damaligen Freundin Heike einmal nach der Schule abgehauen. Wir sind in irgendeinen Bus gestiegen und bis zur Endhaltestelle gefahren.

Heute weiß ich nicht mehr, wo wir damals ankamen. Jedenfalls war es zeitig dunkel und wir bekamen Angst. Ich kann mich erinnern, dass wir beide in einen »Konsum« gegangen sind und die Verkäuferin einen Polizeiwagen rief.

Die Polizei brachte uns zum Hort zurück und wir wurden mächtig getadelt und ausgeschimpft. Der Horterzieher lieferte mich dann bei meinen aufgeregten Eltern ab. Sie haben mich auch ausgeschimpft, aber meine Mutter war sehr froh, dass mir nichts passiert war.

Die Nacht darauf schlief ich sehr unruhig und träumte, dass wir nicht mehr nach Hause gekommen sind. Ich wachte ängstlich und durchgeschwitzt auf. Als meine Mutter mich wecken wollte, war ich bereits fertig für die Schule. Zum Glück gab es dann in der Schule keinen Ärger mehr, allerdings wurden meine Freundin und ich ermahnt, dies nicht wieder zu tun.

Ich ging gerne zur Schule, es war für mich eine schöne Zeit. Meine Klassenlehrerin, Frau Schubert, war eine sehr engagierte Lehrerin. Eines Nachmittags, etwa in der achten Klasse, wollte sie unbedingt mit mir sprechen. Sie erzählte mir, dass für einen Film 14-jährige Mädchen gesucht wurden. Meine Lehrerin war davon überzeugt, dass ich dafür geeignet wäre, weil ich beim Vortragen von Geschichten und in verschiedenen anderen Situationen Talent bewiesen hatte. So meldete sie mich zum Vorsprechen an. Übrigens war ich die Einzige aus meiner Schule, die dort vorsprechen sollte.

Zum Üben gab mir meine Lehrerin ein Blatt Papier, auf dem Handlungssituationen beschrieben waren, die ich schauspielerisch darstellen sollte. Sie meinte, damit könne ich mich etwas vorbereiten. Das tat ich dann auch und spielte die Improvisationen meinen Eltern vor.

Dann kam der Tag, an dem ich mich zum Vorsprechen begab. Heute würde man dazu »Casting« sagen. Ich war sehr aufgeregt und traf dort auf viele andere Mitstreiter, die aber alle schon älter waren als ich. Sie redeten über tolle Filme und dass sie schon am Theater kleine Rollen übernommen hatten. Während ich zuhörte, wurde ich immer nervöser, weil ich ja gar keine Erfahrung hatte. Wir wurden dann alle aufgerufen und mussten uns vorn in eine Reihe setzen.

Ein Mann schaute uns alle eindringlich an und kam dann zu mir. Er flüsterte mir ins Ohr, ich solle ohne Worte vorspielen, dass ich meine Schulmappe verloren habe.

Mir wurde schlecht und ich bekam einen hochroten Kopf. Mit zittrigen Beinen ging ich auf die Bühne. Ich spielte es so gut vor, wie ich in diesem Moment konnte. Leider hat keiner der anderen erraten, was ich mit meinem Vorspiel meinte. So blieb es dann auch bei diesem ersten Termin. Ich wurde nicht angenommen und mein Traum, in einem Film mitzuspielen, platzte wie eine Luftblase.

Meine Lehrerin ermutigte mich, es in zwei Jahren nochmals zu versuchen. Viele Schauspieler erzählen ja, dass sie mehrfach durch ein Casting durchgefallen sind und es immer und immer wieder versucht haben. Ich hatte aber den Willen nicht, mich wieder zum Vorsprechen anzumelden.

Nach dem Schulabschluss fing ich ein Studium für das Lehramt in unteren Klassen an. Ich hätte dann Schüler von der ersten bis zur vierten Klasse unterrichtet. Heute heißt das Grundschullehrerin.

Das Studium machte mir sehr viel Freude, ich liebte es regelrecht, wenn wir in die Schulen gingen und mit den Kindern arbeiteten. Oft führte ich Nachmittage mit Hortkindern durch und unterstützte sie bei den Hausaufgaben. Ich war ja selber erst 18 Jahre alt und damit nicht viel älter als die Schüler. Die einzelnen Semester vergingen immer schnell und wir hatten auch viel freie Zeit.

Kurz nach dem dritten Semester, im Februar 1984, fragte mich eine Bekannte, ob ich mit ihr mitkomme, um zwei nette Brüder zu besuchen. Ich hatte gerade Zeit und fuhr mit ihr nach Prenzlauer Berg, dort wohnten die beiden.

Einer der Brüder öffnete uns die Tür und gleich wurde ich von angenehmen Düften und Kerzenlicht bezaubert. Wir gingen ins Zimmer und dort wurden wir von dem anderen Bruder nett begrüßt. Wir stellten uns vor und setzten uns gemütlich zusammen.

Sie boten uns alle möglichen Getränke an. Die Auswahl war riesig, fast wie in einem Intershop. Während wir vier uns unterhielten, schaute mich der jüngere Bruder, der mir gegenübersaß, ständig an. Und ich konnte meine Augen auch nicht von ihm lassen.

Es wurde schon hell draußen und wir saßen immer noch zusammen. Ich fuhr dann mit einem sogenannten »Schwarztaxi« nach Hause. Ein normales Taxi bekam man fast nie. Deshalb gab es viele Leute, die nachts mit ihrem Auto Taxi fuhren, um sich was nebenbei zu verdienen.

Zu Hause angekommen, fiel ich ins Bett und konnte lange schlafen, weil es ein Sonntag war. Als ich gegen Mittag aufwachte, musste ich sofort an diesen netten, hübschen jungen Mann denken. Ich war 19 Jahre und er war 24.

Ich erzählte meiner Mutter von dem Abend. Sie meinte gleich, dass ich hoffentlich nicht schon verliebt sei. Es war aber bereits passiert, es war sprichwörtlich Liebe auf den ersten Blick. Ich dachte nur daran, ihn wiederzusehen.

Dann endlich klingelte das Telefon und er war dran. Er fragte mich, ob ich ihn noch mal besuchen möchte, es könne auch gleich heute sein. Ich überlegte nur eine Sekunde und verabredete mich für 18 Uhr. Meine Mutter hatte ein schönes Parfum, das ich in meine Tasche steckte. Ich wollte auch so gut riechen wie er.

Mit starkem Herzklopfen rannte ich die drei Treppen hoch, bemalte meine Lippen mit einem roten Lippenstift und spritzte mir das Parfum an den Hals und auch auf meine Kleidung.

Dann klingelte ich und er öffnete schnell. Wir sahen uns tief in die Augen und er bat mich hinein. Er küsste mich ganz sanft auf meinen Hals und ich bekam Gänsehaut. So hatte mich noch keiner geküsst.

Wieder brannten Kerzen und es gab sogar Campari. Dieses Getränk kannte ich nur aus der Werbung. Außerdem war viel leckeres Essen vorbereitet. Wir unterhielten uns stundenlang und hatten dabei nur Augen für uns. Dass noch andere in der Wohnung waren, schien uns nicht zu stören, wir nahmen sie kaum wahr.

Diesmal fuhr ich wieder mit dem Schwarztaxi zurück, aber wir hatten uns gleich für den nächsten Tag verabredet. Wir sahen uns von nun an fast täglich.

Zum Geburtstag meiner Mutter, Ende Februar, kam er das erste Mal zu uns. Meine Eltern fanden ihn auch sehr nett und hatten nichts dagegen, dass er über Nacht blieb. Allerdings bestanden sie darauf, dass wir getrennt schlafen.

Ich wartete ab, bis es ruhig im Haus war und meine Eltern schliefen. Dann schlich ich ins andere Zimmer. Mein Freund saß im Bett und war auch noch wach.

Ich war das erste Mal richtig verliebt und wollte immer mit ihm zusammen sein. Er sagte mir, er sei bereits am ersten Abend in mich verliebt gewesen.

Einige Tage später erzählte er mir dann, dass er schon vor zwei Jahren einen Ausreiseantrag nach Westberlin gestellt hatte. Er würde in weniger als drei Monaten ausreisen.

Als ich dies erfuhr, war ich wie erstarrt. Ich konnte nicht klar denken und mir nicht ausmalen, wie es mir gehen würde, wenn er nicht mehr hier wäre. Da er schon so lange auf seine Ausreise wartete und viele Unannehmlichkeiten ertragen musste, wollte er den Antrag nicht zurückziehen.

Ich war darüber enttäuscht und verzweifelt, obwohl ich ihn auch ein bisschen verstehen konnte.

Wir verbrachten in den nächsten Wochen so viel Zeit wie nur möglich zusammen.

Am Tag der Ausreise waren wir bei seinen Eltern verabredet. Ich konnte dort kein Essen anrühren, mein Magen war zugeschnürt und ich fror, trotz der Wärme in der Wohnung.

Die Stunden vergingen rasend schnell, um 22 Uhr sollte die Ausreise über den Bahnhof Friedrichstraße erfolgen. Wir fuhren dorthin und meine Beine wollten fast versagen, als mein Freund sich von mir verabschiedete. Er sagte mir, dass wir uns in Prag wiedersehen.

Bis zum ersten Wiedersehen im August 1984 sollten lange fünf Monate vergehen. Wir telefonierten oft und schrieben uns Briefe. In dieser Zeit vertelefonierte ich an die 500 DDR-Mark. Das war ein Monatsgehalt.

Dann kam endlich der Tag, an dem wir in Prag verabredet waren. Ich fuhr mit dem Zug dorthin, mein Freund hatte noch kein Auto und kam ebenfalls mit dem Zug.

Ganz aufgeregt stand ich am Prager Hauptbahnhof und hatte Angst, ihn zu verpassen. Handys gab es ja damals noch nicht. Ich wartete und wartete – dann stand er plötzlich vor mir. Wir drückten und küssten uns und waren einfach nur glücklich. Mit unseren vollgepackten Taschen gingen wir zu einem Taxi und fragten dort nach einem Hotel.

Wir buchten für vier Tage ein Zimmer. Länger konnte mein Freund nicht bleiben, weil er gerade eine Arbeitsstelle gefunden hatte. Wir nutzten die Zeit, die uns blieb, und schliefen kaum. Es fühlte sich unwirklich für mich an, dass wir nun in diesem Hotel in Prag waren.

Die Tage vergingen zu schnell und der Abschied nahte. Wir konnten uns kaum voneinander trennen, als der Zug nach Berlin einrollte. Ich musste einsteigen und mein Freund blieb auf dem Bahnsteig zurück. Sein Zug fuhr auf einem anderen Gleis ab.

Ich musste weinen und er weinte auch, als der Zug anfuhr. Ich war so glücklich, ihn getroffen zu haben, wusste aber nicht, wie lange ich auf unser nächstes Treffen warten musste.

Zu Weihnachten 1984 konnten wir uns dann in Prag wiedersehen. Mein Bruder und meine Mutter kamen auch mit. Diesmal fuhren wir mit dem Auto. Mein Freund hatte schon in einer Pension mehrere Zimmer gebucht. Die Vermieter freuten sich, weil er mit der geliebten D-Mark bezahlte.

Es war ein sehr schönes Weihnachten und meine Mutter hatte viele leckere Sachen vorgekocht, die wir uns an Heiligabend schmecken ließen. Am ersten Feiertag tranken meine Mutter und mein Freund Brüderschaft. So konnten sie sich endlich duzen.

Zurück aus Prag, wurde ich zu einem Gespräch bei der Direktion des Lehrerinstituts bestellt. Ich ahnte schon, dass mich nichts Gutes erwarten würde. Mit zittrigen Händen klopfte ich an die Tür der Direktorin.

Als ich eintrat, sah ich sie und zwei meiner Lehrer am Tisch sitzen. Sie kamen gleich zur Sache und erklärten, es gäbe Hinweise aus meinem Seminargruppenumfeld, dass ich Kontakt zu einem Mann habe, der in Westberlin wohne. Außerdem hätte ich mich jetzt schon das zweite Mal mit ihm in Prag getroffen.

Ich war sehr erstaunt, dass sie so genau Bescheid wussten. Mein Mund war trocken, aber ich versuchte zu erklären, dass ich diesen Mann liebe und mir den Kontakt nicht untersagen lasse. Die Direktorin akzeptierte das nicht. Ich würde schließlich Kinder unterrichten, sagte sie und erinnerte mich an die Aufgabe der sozialistischen Bildung. Eine angehende Lehrerin, die sich mit einem Bürger aus dem kapitalistischen Ausland heimlich in Prag träfe, könne an diesem Institut nicht geduldet werden. Ich solle mich entscheiden, ob ich den Kontakt zu meinem Freund abbrechen oder das Institut verlassen wolle.

Meine Seminarlehrerin sagte, ich solle mir das gut überlegen. Wenn ich das Studium abbrechen würde, hätte ich keine Ausbildung und würde im Westen keine Arbeit finden. Die Direktorin setzte noch eins drauf und meinte, vielleicht würde ich dort sogar auf den Strich gehen.

Mir war einfach nur übel und es drehte sich alles im Kreis. Ich sollte mich innerhalb einer Woche entscheiden.

Es war gerade große Pause und ich ging auf den Schulhof. Dort standen meine Kommilitonen in Gruppen zusammen. Ich fragte mich, wer von ihnen mit der Direktorin gesprochen hatte. Wer hatte mich ausspioniert? Fragen über Fragen waren in meinem Kopf. Dann kam mir doch eine Vermutung. Eine der Studentinnen war gleich nach ihrem 18. Geburtstag der SED beigetreten. Es war nicht Pflicht, der SED beizutreten, wurde aber gern gesehen. Mit dieser Studentin hatte ich schon vorher einige Auseinandersetzungen gehabt und wir mochten uns nicht. Es gab allerdings auch noch andere, die zugehört hatten, wenn ich meiner Freundin von meinem Freund erzählte. Fakt war, ich wurde ausgehorcht.

In der folgenden Unterrichtsstunde war ich gedanklich gar nicht anwesend. Ich beobachtete meine Kommilitonen genau und merkte, dass auch ich beobachtet wurde.

Ich beschloss anschließend, nach Hause zu fahren und alles meinen Eltern zu erzählen. Als ich dort ankam, waren sie noch nicht da. Ich versuchte, einen klaren Gedanken zu fassen, und überlegte hin und her, wie ich ihnen erklären sollte, was ich heute erfahren hatte.

Am späten Abend saß ich mit meinen Eltern zusammen und fing an zu erzählen. Sie waren sehr aufgebracht und wollten, dass ich weiter studiere, denn sie waren sehr froh darüber, dass ich diesen Studienplatz bekommen hatte. Ich konnte sie absolut verstehen, aber gleichzeitig wusste ich, dass es mir mein Herz herausreißen würde, wenn ich meinen Freund nicht mehr sehen könnte. Wir wollten ja auch heiraten.

Meine Eltern waren schließlich damit einverstanden, dass ich mein Studium abbrach, aber ich sollte mir eine Arbeit suchen und Geld verdienen.

Meine Entscheidung teilte ich dann der Direktorin mit und ich musste sofort das Institut verlassen, ohne Austrag aus meinem Sozialversicherungsbuch.

In den kommenden Tagen stellte ich einen Ausreiseantrag beim Rat des Stadtbezirks. Ich wurde dort viele Male zu Gesprächen vorgeladen. Jedes Mal war ich vor dem Termin so aufgeregt, dass ich fast kollabierte. Die Gespräche ähnelten sich fast immer.

Die Mitarbeiter halfen mir nicht dabei, eine Arbeit zu finden. Ich fand sie dann allein in einer privaten Gaststätte ohne Vertrag. Mein Verdienst betrug 2,50 DDR-Mark pro

Stunde. Mit dem Geld konnte ich dann meine Reisen nach Prag bezahlen.

Ich fuhr bestimmt zehn Mal mit dem Zug nach Prag, ehe endlich meine Ausreise bewilligt wurde. Insgesamt dauerte es drei Jahre bis zu meiner Übersiedlung nach Westberlin.

Mein Freund und ich heirateten am 8. Januar 1988 in Berlin-Spandau.

Ich war die ersten Monate zu Hause und lebte mich erst mal in mein neues Leben als Ehefrau ein. Später arbeitete ich, zusammen mit meinem Bruder, in einer Autovermietung. Da ich Geld verdiente, konnten wir uns eine größere Wohnung leisten und zogen 1993 nach Charlottenburg um.

Um das Jahr 1994 fingen bei mir erste Schlafprobleme an. Ich konnte oft nicht einschlafen oder nicht durchschlafen. Jeden Morgen fühlte ich mich schlapp und müde. Wenn ich ins Bad ging, fröstelte ich, obwohl es warm war.

Meine Mutter riet mir, ich solle es mit Baldriantropfen und heißer Milch mit Honig versuchen. Am nächsten Tag ging ich in die Apotheke und kaufte mir Baldrian. Schon am Nachmittag fing ich an, die Tropfen einzunehmen, da ich sehr nervös war. Ich legte mir klassische Musik in den CD-Player und trank in langsamen Schlucken meine Milch mit Honig. Ich hatte das Gefühl, entspannter zu werden, und ging dann auch bald zu Bett.

Es wurde Mitternacht und ich wälzte mich von einer Seite auf die andere. Immer wieder schaute ich auf den Wecker und es war bald drei Uhr morgens. Ohne eine Minute Schlaf stand ich auf und machte den Fernseher an.

Mein Mann musste um fünf Uhr aufstehen, und er war entsetzt, dass ich wieder nicht geschlafen hatte. Er konnte auch schlecht schlafen, weil ich so unruhig war. Ich bot ihm an, die nächste Nacht im anderen Zimmer zu verbringen. So konnte ich aufstehen, ohne ihn zu stören. Er musste körperlich schwer arbeiten und benötigte seine Nachtruhe.

Mein Mann meinte, irgendwann hole sich der Körper den Schlaf und dann würde ich ins Bett fallen. So einfach war das aber bei mir nicht.

Nach mehreren schlaflosen Nächten war ich mit meinen Kräften fast am Ende und entschied mich, meine Hausärztin aufzusuchen. Ich ging in die Sprechstunde und schilderte ihr mein Problem. Sie hörte genau zu und riet mir zu langen Spaziergängen sowie zur Entspannungstherapie nach Edmund Jacobson. Bei diesem Verfahren werden alle Muskeln des Körpers auf einmal angespannt und dann wieder gelockert. Die Ärztin sagte mir, wo ich mir eine Entspannungs-CD kaufen könnte. In zwei Wochen sollte ich wiederkommen und ihr berichten, ob es geholfen hat. Ich bat sie um eine Krankschreibung, weil ich mich sehr schlecht fühlte.

Am nächsten Morgen fuhr ich in die Stadt und fand schnell die empfohlene CD. Ich hoffte sehr, nicht mehr die ganze Nacht wach liegen zu müssen. An diesem Tag war ich sehr viel unterwegs und verzichtete auf den Spaziergang.

Als ich nach Hause kam, las ich mir alles zu dieser Entspannungstherapie durch. Ich legte die CD ein und es begann mit einer sehr ruhigen Musik. Eine ganz leise, zarte Frauenstimme erklärte jeden einzelnen Schritt. Ich kam sehr gut mit und fand es recht angenehm. Die Übung dauerte etwa eine halbe Stunde und ich probierte es vor dem Schlafengehen noch mal aus. Langsam fing ich an zu gähnen und freute mich so sehr darüber, dass ich überhaupt gähnen konnte. Ich legte mich aufs Sofa und nahm mir ein Buch zur Hand. Während ich einige Seiten las, merkte ich, dass es Zeit war, ins Bett zu gehen.

Als ich wieder aufwachte, war es sechs Uhr am Morgen. Ich konnte es kaum glauben, ich hatte acht Stunden geschlafen! Mein Mann war schon aus dem Haus, aber er hatte mir einen lieben Zettel geschrieben und mir einen entspannten Tag gewünscht. Er war froh, dass ich nicht schon in der Küche saß, als er aufstehen musste.

Nun konnte ich den Morgen wieder genießen und fühlte mich viel besser. Allerdings glaubte ich nicht daran, dass die Entspannungsmethode immer funktionieren würde. In den nächsten Tagen wandte ich sie mehrmals an, sobald ich mich unruhig fühlte. Auch nahm ich weiter Baldriantropfen ein.

Als ich meiner Ärztin berichtete, dass ich jetzt wieder besser schlafen könne, meinte sie: »Es müssen ja nicht immer gleich Schlaftabletten sein.«

Ich erholte mich langsam und konnte wieder arbeiten gehen.

Trotzdem fragte ich mich, warum ich so viele Nächte nicht schlafen konnte, obwohl es eigentlich keinen erkennbaren Grund dafür gab.

Bis etwa Mai 1998 fühlte ich mich gesund und mein Leben verlief ohne Probleme. Dann war es wieder so weit, dass ich schlecht schlafen und mich nicht konzentrieren konnte. Auch hatte ich an Gewicht verloren, was bei mir nicht gewollt war, da ich 60 Kilo wog und nicht zu dick war. Ich konnte mir das alles nicht erklären, weil ich mich auch ganz normal ernährte. Zu dieser Zeit konnte ich essen, was ich wollte, ich nahm nicht mehr zu.

An einem schönen Sonntagmorgen frühstückte ich mit meinem Mann, wir gingen danach im Tegeler Forst spazieren. Weil ich so viel abgenommen hatte, fiel mir das Laufen schwer und ich fragte meinen Mann, ob wir wieder nach Hause fahren könnten. Er war besorgt um mich und willigte gleich ein.

In unserer Wohnung angekommen, schlug mein Mann vor, das Mittagessen für uns zu kochen. Ich weiß noch genau, dass wir an diesem Tag Spinat und Spiegelei gegessen haben.

Nach dem Mittagessen wollte ich im Schlafzimmer vom Bett aus fernsehen, weil mein Mann im Wohnzimmer Formel 1 anschaute. So ging ich ins Schlafzimmer und machte den Fernseher an. Ich setzte mich auf die Bettkante und schaute zum Fenster.

Plötzlich kam es mir so vor, als würde der Fenstergriff zu wackeln beginnen. Dann glaubte ich, das Fenster käme direkt auf mich zu.

Ich schaute weg und dann noch mal zum Fenster. Jetzt sah es so aus, als ob keine Scheibe mehr im Rahmen wäre. Ich fühlte in diesem Moment gar nichts. Ich glaube, dass ich dabei sogar lächelte.

Ich stand auf und ging in die Küche. Was sahen meine Augen dort? Der Topf mit dem Spinat sah verbogen aus, so, als ob Salvador Dalí ihn geformt hätte. Dann schaute ich ins Wohnzimmer und sah meinen Mann auf dem Teppich sitzen. Er war auf den Fernseher konzentriert und bemerkte mich nicht. Ich konnte mich überhaupt nicht äußern, war wie in Trance. Weil ich die Wohnzimmertür schließen wollte, griff ich nach der Türklinke. Sie fühlte sich so an, als wäre sie aus Gummi. Ich stand sicher zehn Minuten dort und streichelte immer wieder den Türgriff.

Mein Mann bekam von all dem nichts mit. Ich konnte mich nicht äußern und schlich wieder ins Schlafzimmer zurück.

Ich sah noch immer keine Scheibe im Fenster und bückte mich hinaus, um rauszugucken.

Plötzlich hörte ich die Stimme meines Mannes. Kurz darauf zog er mich vom Fenster weg. Ich wusste nicht, was los war, und konnte in diesem Moment nichts sagen. Ich war wie hypnotisiert.

Mein Mann legte mich ins Bett und sagte, ich solle nicht alleine aufstehen. Ich muss dann schnell eingeschlafen sein, obwohl es erst früher Nachmittag war.

Am nächsten Morgen erwachte ich früh, und sofort schoss in meinen Kopf, was ich am Tag zuvor erlebt hatte.

Ich stand auf und bereitete das Frühstück zu. Als mein Mann in die Küche kam, erzählte er aufgeregt, was am Vortag passiert war. Er meinte, der Fernseher im Schlafzimmer sei extrem laut gewesen und er wollte mich bitten, ihn leiser zu stellen. Als er ins Zimmer kam, hing ich weit mit dem Körper aus dem Fenster. Er zog mich sofort hinein und fragte mich, was das soll. Ich hätte geantwortet, dass ich nach Blumen schauen wollte, die im Erdgeschoss auf dem Balkon blühten.

Wir wohnten im Dachgeschoss. Hätte mein Mann mich nicht zurückgehalten, dann wäre ich vielleicht in die Tiefe gestürzt und die Sträucher hätten mich aufgespießt. Einen Sturz aus 15 Meter Höhe hätte ich wohl kaum überlebt. Mein Mann, mein Schutzengel.

Nachdem er mir davon berichtet hatte, erzählte ich ihm aufgeregt, was ich gesehen und empfunden hatte. Wir konnten uns nicht erklären, was mit mir passiert war. Alles war ja am Morgen wieder normal und ich wusste haargenau, was ich erlebt hatte.

Heute weiß ich, dass diese Halluzinationen Symptome einer Psychose waren. Sie verlief relativ harmlos im Vergleich zu denen, die ich noch erleben sollte.

Ich ging damals nicht zum Arzt und ich hatte Angst davor, einen Psychiater aufzusuchen, weil man eigentlich nicht zum Psychiater ging. Es hieß doch immer, da gehen nur die Verrückten hin.

Außer meinem Mann erzählte ich nur meinen Eltern davon. Sie schauten mich sehr verwundert an und wussten nicht, was sie dazu sagen sollten. So blieb es erst mal dabei, keinen Arzt aufzusuchen.

Dieses Erlebnis ging mir sehr oft im Kopf herum, aber der Alltag stellte sich allmählich wieder ein und ich musste zumindest nicht mehr täglich daran denken. Natürlich hatte ich große Angst davor, dass sich so etwas wiederholen könnte. Aber die Wochen vergingen und mit der Zeit wich auch meine Angst.

Hin und wieder quälten mich massive Schlafprobleme. Ich suchte erneut meine Hausärztin auf und sie gab mir eine Überweisung ins Schlaflabor. Ich musste lange auf diesen Termin warten.

Erst als ich dort ankam, sah ich, dass das Schlaflabor zu einem psychiatrischen Krankenhaus gehörte. Mich beschlich ein ungutes Gefühl. Ich sah viele Patienten im Eingangsbereich herumstehen, die rauchten. Damals war das Rauchen dort noch erlaubt.

Ängstlich und aufgeregt ging ich zum Fahrstuhl. Was würde wohl mit mir passieren? Ich meldete mich an und wurde auch bald von einer Ärztin aufgerufen.

Ich erzählte ihr von meinen Schlafproblemen, aber ich verlor kein Wort über mein verstörendes Erlebnis am Fenster. Vielleicht aus Angst, dass sie mich dabehalten würden. Die Ärztin äußerte sich nur wenig, aber sie meinte, ich solle vier Wochen lang ein Protokoll über meinen Tagesablauf führen und notieren, wie viele Stunden ich schlafe, damit sie sich ein besseres Bild machen könne. Sie gab mir ein Rezept und sagte, dies seien Schlaftabletten, ich sollte aber nur selten welche einnehmen.

Jetzt hatte ich meine ersten richtigen Schlaftabletten: Zopiclon 3,75 Milligramm. Ich las mir den Beipackzettel aufmerksam durch und dachte nur daran, dass ich jetzt endlich schlafen würde. Mir war ganz egal, ob es eine chemische Keule war, ich wollte nur endlich wieder schlafen können und nicht die ganze Nacht in der Küche sitzen. Die Baldriantropfen und die Entspannungs-CD halfen überhaupt nicht mehr. Ich hatte auch keine Kraft mehr und nahm am Abend vor dem Schlafengehen die erste Zopiclon ein.

Am Morgen erwachte ich und konnte es gar nicht glauben, dass es schon neun Uhr war. Ich hatte elf Stunden durchgeschlafen und freute mich sehr darüber.

Als ich am Abend meinem Mann davon erzählte, freute er sich mit mir und meinte, eine halbe Tablette würde dann wohl auch reichen. Ich war zwar skeptisch, weil ich kein Risiko eingehen wollte, aber ich nahm am nächsten Abend nur eine halbe Tablette. Auch damit konnte ich ausreichend schlafen.

Ich war so sensibilisiert, was das Thema »Schlafen« anging, dass ich weiterhin lieber alleine schlief. Schon der Gedanke, dass mein Mann neben mir vielleicht schnarchen könnte, hätte mich unruhig gemacht. Dies ließ uns dann lange Zeit getrennt schlafen.

Im Jahr 1999 fuhren wir auf die Insel Rügen. Es waren wunderschöne, warme Tage an der Ostsee. Wir hatten in Göhren eine hübsche Ferienwohnung in Strandnähe gemietet. Jeden Morgen schaute ich mir den Sonnenaufgang an und trank dabei meine erste Tasse Kaffee.

Mein Mann schlief meist länger und verpasste die schönen Sonnenaufgänge. Ich liebte es, dort zum Bäcker zu gehen und frische Brötchen und Croissants zu kaufen. Am Frühstückstisch zündeten wir manchmal Kerzen an und öffneten eine Flasche Sekt. Ein Sektfrühstück und die Aussicht von unserer Terrasse waren belebend und schön. Gemeinsam überlegten wir dann, was wir tagsüber unternehmen wollen.

Wir erkundeten die Ostseebäder in der Umgebung und fuhren oft mit dem Auto nach Binz oder auch nach Sellin und Baabe.

Die Ostseebrücke in Sellin ist wunderschön gebaut. Wir setzten uns auf der Brücke in einen Strandkorb und genossen die frische Meeresluft. Oft saßen wir auch am Strand und ich hatte Spaß daran, die Möwen zu füttern. Dabei fühlte ich mich frei und sprang vor Glück oft in die Höhe.

Zweimal besuchten wir ein Restaurant auf der Seebrücke in Sellin und aßen dort zu Abend. Es gab eine sehr große Auswahl an Fischgerichten und natürlich à la carte. Das Essen schmeckte fabelhaft und es wurde auf riesigen Tellern serviert. Dazu tranken wir einen wunderbaren Weißwein.

Am liebsten hätte ich an solchen Tagen die Zeit angehalten. Ich war entspannt und fühlte mich erholt nach alldem, was passiert war.

An einem wunderschönen Morgen fuhren wir nach Binz und bewunderten dort die herrliche Bäderarchitektur. An der Strandpromenade stehen zahlreiche Villen, die nach der Wende saniert wurden und heute kaum noch zu bezahlen sind. Teilweise befinden sich darin auch Ferienwohnungen. Wir erkundigten uns nach den Mietpreisen und waren erstaunt. Dort hätten wir dreimal so viel bezahlt wie für unsere Ferienwohnung in Göhren. Das kam für uns nicht infrage, aber es war interessant zu erfahren, wie teuer es ist, dort Urlaub zu machen. Wir hatten es in Göhren ja auch schön und brauchten keinen Luxus.

Trotzdem hat es mir in Binz sehr gut gefallen. Heute würde ich sagen, Binz ist viel schöner als Sylt und kann jedem Vergleich standhalten.

Von Binz aus fuhren wir weiter nach Baabe – auch ein wunderschönes Ostseebad, mit kleinen verwinkelten Straßen. Dort gingen wir viel spazieren und besuchten eine alte Kirche aus Backstein. Wir setzten uns auf eine Kirchenbank und hielten uns fest an den Händen. Dann, nach kurzer Andacht, stand mein Mann auf und schaute sich um. Am Eingang lag ein Buch aus, dort konnte sich jeder Besucher eintragen. Mein Mann schrieb hinein: »Lieber Gott, ich wünsche mir sehr, dass meine Frau immer gesund bleibt und wir immer zusammenbleiben.«

Das mit dem Zusammenbleiben hat bis heute geklappt. In Bezug auf meine Gesundheit ging der Wunsch leider nicht in Erfüllung. Es sollten noch Dinge passieren, die ich als mein »Schicksal« bezeichne. Aber dazu komme ich später.

Wieder aus dem Urlaub zurück, fand ich in Berlin eine neue Arbeit. Ich betreute Senioren im Pflegeheim und auch zu Hause. Es war eine körperlich schwere Arbeit. Ich musste die teils demenzkranken Senioren alleine anziehen und sie mit dem Rollstuhl spazieren oder zum Einkaufen fahren. Bei fast jedem Wetter mussten wir raus, so stand es in meinem Arbeitsvertrag. Aber ich liebte diese Arbeit und viele der Senioren mochte ich auch persönlich gern.

Eine Seniorin war mir ganz besonders ans Herz gewachsen: Frau Krüger. Sie war ihr ganzes Leben lang selbstständig gewesen und hatte ein kleines Geschäft mit Lebensmitteln und anderen Waren des täglichen Gebrauchs geführt. Es war ein richtiger Tante-Emma-Laden. Sie stand jahrzehntelang in diesem Geschäft, eines Tages aber wusste sie nicht mehr, wo der Laden war. Sie begann an Demenz zu erkranken. Ihre Kinder konnten sich nicht um sie kümmern und brachten sie in ein Altersheim. Ich war erschrocken, wie wenig von einem Leben übrigbleibt.

Frau Krüger hatte ein Zimmer und die Einrichtung war spartanisch, sehr ungemütlich und kalt. Ich fror fast immer in diesem Raum. Die Kinder konnten eine Seniorenresidenz, die viel schöner ausgestattet ist, nicht bezahlen. Frau Krüger lebte von Sozialhilfe und bekam ein geringes Taschengeld. Sie war sehr warmherzig und liebenswert.

Eines Tages, als ich zu ihr kam, rutschte sie plötzlich von ihrem Stuhl und wäre fast auf Boden gefallen. Ich konnte sie gerade noch auffangen. Es war schwierig, sie auf das Bett zu legen, weil sie gar nicht mehr mithelfen konnte. Ich schaffte es dann doch und rief die Schwestern um Hilfe.

Ich machte mir große Sorgen um sie. Ihr Mund hing schief herunter und sie konnte nicht sprechen. Der Notarzt kam nach kurzer Zeit und sie brachten Frau Krüger in ein Krankenhaus, mit Verdacht auf Schlaganfall.

Ich besuchte sie dort mehrmals, doch eines Tages kam ich in ihr Zimmer und das Bett war leer. Ich wusste sofort, dass sie nicht bei einer Untersuchung war. Mein Gespür sagte mir, dass sie gestorben sei. So war es auch.

Ich ging ins Erdgeschoss, kaufte mir einen Kaffee und setzte mich hin. So war also wieder ein Leben zu Ende gegangen. Später habe ich noch ab und zu an sie gedacht.

Es starben während meiner Tätigkeit viele Senioren, die ich betreut hatte, aber der Tod der lieben Frau Krüger aus Charlottenburg nahm mich besonders mit.

Das Jahr 2000 begann für mich schwierig. Ich hatte überhaupt keine Energie und fühlte mich sehr schwach. Ich ging zu einem Internisten, der meinte, er würde mir Infusionen empfehlen. Diese müsste ich aber selbst bezahlen, pro Infusion 100 DM. Ich sollte sechs Infusionen bekommen, jede Woche eine. Damit war ich einverstanden.

Leider spürte ich auch nach fünf Infusionen keinerlei Besserung meines Befindens.

Als ich die sechste Infusion bekam, verlief zunächst alles wie gewohnt. Die Arzthelferin sagte mir, sie werde in der Anmeldung gebraucht. Wenn etwas sei, solle ich rufen. Dann verließ sie das Zimmer.

Nach etwa fünf Minuten sah ich plötzlich heftige Blitze vor meinen Augen und alles um mich herum war schwarz. Ich schrie laut: »Bitte aufhören, aufhören bitte!« Die Arzthelferin kam sofort und nahm die Infusionsnadel heraus.

Als der Arzt mich sah, erschrak er. Mein Kopf war tiefrot und mir war übel. Er kontrollierte meinen Blutdruck,

200 zu 130. Seiner Meinung nach hatte ich eine allergische Reaktion entwickelt. Ich sollte eine halbe Stunde liegen bleiben.

Danach stand ich auf und ging mit wackligen Beinen ins Sprechzimmer. Der Arzt sagte mir, es sei nun doch ratsam, einen Psychiater aufzusuchen, er könnte mir jemanden empfehlen. Bei meinen Symptomen wäre das angebracht.

Mir war noch immer übel, aber der Arzt gab sich keine Mühe, weitere Untersuchungen durchzuführen. Also bekam ich eine Überweisung zum Psychiater und noch eine verlängerte Krankschreibung.

Ich wusste genau, wo sich die psychiatrische Praxis in Berlin-Charlottenburg befand. Ich wollte aber nicht anrufen, um einen Termin zu vereinbaren, sondern direkt dorthin gehen. So fuhr ich schon am nächsten Morgen los.

Als ich die Hausnummer las und das große goldfarbene Schild sah, drehte ich mich erst mal um und prüfte, ob mich auch keiner sah. Ich wollte nicht, dass jemand mitbekommt, wie ich in diese Praxis gehe. Damals sprach man nicht gern über Depressionen und verschwieg besser, dass man in psychiatrischer Behandlung ist. Die Menschen reagierten oft sehr verstört darauf. Lieber erzählte man, dass man zu einem Neurologen gehe.

Heute hat sich das durch viel Aufklärung etwas gebessert, aber trotzdem haftet psychischen Erkrankungen noch immer ein negativer Geschmack an. Wenn jemand an Krebs erkrankt ist, dann zeigen alle großes Bedauern. Erzählt man aber, dass man Depressionen hat, wird man eher belächelt.

Ich kann es überhaupt nicht ertragen, wenn Menschen erzählen, dass sie im Winter Depressionen bekommen, weil es kalt und grau draußen ist, und sobald die Sonne scheint, geht es ihnen wieder gut. Das hat nichts mit einer Depression zu tun, sondern mit einer Verstimmung. Sicher gibt es auch Winterdepressionen, die mit einer Lichttherapie behandelt werden können. Dabei setzt man sich vor eine Lampe und schaut direkt ins Licht. Meist muss man das täglich wiederholen. Einige Psychiater bieten die Lichttherapie in ihrer Praxis an, in psychiatrischen Kliniken ist sie Standard. Vielen Patienten hilft das bereits, mir hat es leider nicht sehr geholfen, aber dazu später.

Ich betrat also die Praxis in Berlin-Charlottenburg. Am Empfang begrüßte mich eine ältere Dame sehr freundlich. Ich gab ihr meine Überweisung und sie meinte, da stehe aber sehr wenig drauf. Wir vereinbarten einen Termin in zwei Wochen. Ich sollte am Nachmittag kommen. Das fand ich gut, weil mich mein Mann dann begleiten konnte.

Die folgenden zwei Wochen waren sehr kräftezehrend. Mal schlief ich fünf Stunden, mal war ich die ganze Nacht wach. Ich schleppte mich zum Einkaufen und war nach etwas Hausarbeit vollkommen geschafft. Nur mit Mühe konnte ich kochen. Meine Konzentration war sehr schlecht, deshalb las ich auch keine Bücher zu diesem Zeitpunkt.

Der Termin beim Psychiater war am 1. Februar 2000. Mein Mann kam von der Arbeit und wir fuhren mit dem Auto zur Praxis. Ich meldete mich an und dann sollten wir im Wartezimmer Platz nehmen.

Das Wartezimmer war sehr geräumig, mit einer Ledercouch und vielen bequemen Lederstühlen ausgestattet. Zwei große Vasen mit Blumen standen hübsch angerichtet dort. Es herrschte eine sehr angenehme Atmosphäre und wir setzten uns beide auf das Ledersofa.

Ich schaute mich um und zählte fünf Patienten, die vor mir dran sein würden. Ich beobachtete sie genau und fragte mich, ob sie schon lange in Behandlung waren. Irgendwie schämte ich mich sogar ein bisschen dafür, dass ich jetzt beim Psychiater saß.

Wir warteten sehr lange, aber ich fand es gut, dass der Arzt sich so viel Zeit nahm. Je länger es dauerte, umso nervöser wurde ich allerdings. Ich rutschte auf dem Sofa hin und her und meine Hände wurden feucht. Mein Mann versuchte mich zu beruhigen, aber ich merkte, dass auch er angespannt war. Ich fragte mich, was mich wohl erwarten wird. Würde der Arzt mir helfen können?

Nach ungefähr zwei Stunden Wartezeit wurde ich endlich aufgerufen. Dr. Fischer begrüßte mich freundlich mit einem Händeschütteln und ich stellte ihm meinen Mann als Begleitung vor.

»Wie geht es Ihnen?«, fragte er mich. Ich erzählte ihm von meinen Schlafproblemen und meiner gedrückten Stimmung. Er hörte aufmerksam zu und meinte dann, es könne sich um eine Depression handeln.

Nun endlich war der Begriff »Depression« gefallen. Ich konnte einen Moment lang nicht darauf antworten, aber dafür mein Mann. Er fragte den Arzt, wann der Zustand sich wieder bessern würde. Es könne Monate oder auch Jahre dauern, bis es mir wieder gut ginge, meinte Dr. Fischer. Ich war geschockt, sollte ich mich jetzt so lange schlecht fühlen?

Dr. Fischer sagte, ich könne sofort mit einem Antidepressivum beginnen. Er ging zum Schrank und gab mir eine Packung mit 14 Tabletten. Ich sollte jeden Tag eine Tablette einnehmen und dann in zwei Wochen wiederkommen.

Vollkommen verstört verließ ich die Praxis, meinem Mann ging es auch nicht gut. Wir fuhren nach Hause und redeten im Auto kein Wort.

Den Beipackzettel las ich mir nicht durch, weil er so umfangreich war. Vielleicht hätte ich sonst das Medikament gar nicht erst eingenommen.

Ich schluckte die erste Tablette und wartete auf eine Reaktion, die aber nicht erfolgte. Mein Mann meinte, es sei ja keine Kopfschmerztablette und wirke sicher nicht sofort. Wir stellten mir eine Hotelklingel ans Bett, da mein Mann und ich noch immer getrennt schliefen. Er sagte, falls etwas sein sollte, könnte ich klingeln, er würde sofort kommen.

Aber es passierte nichts und so schlief ich irgendwann ein.

Meine Besuche beim Psychiater nahmen in der nächsten Zeit zu. In immer kürzeren Abständen ging ich in die Praxis. Das Medikament wirkte bei mir nur insoweit, dass ich Nebenwirkungen hatte. Ich konnte kaum einen Satz sprechen, so trocken war mein Mund. Meine Zunge klebte förmlich am Gaumen. Aber ich fühlte mich nicht ein bisschen besser, was die Depression betraf.

Nach ungefähr zwei Monaten wechselte der Arzt das Medikament. Wieder gab er mir eine Schachtel aus seinem Schrank, denn er vergab nur ungern Rezepte. Ich sollte dieses ausprobieren, meinte er, wir würden mit einer niedrigen Dosierung anfangen.

Mein Mann begleitete mich zu den Terminen, wenn er Zeit hatte. Allerdings blieb er dann meist im Auto sitzen. Oft musste er zwei Stunden warten, bis ich zurückkam.

Bei meinem vierten Termin erklärte mir Dr. Fischer, dass

es viele Formen von Depressionen gäbe, nicht nur eine einzige. Bei einer unipolaren Depression leide der Patient an einer anhaltenden negativen Stimmung sowie an Desinteresse und Antriebsschwäche. Sie könne leicht, mittel oder stark ausgeprägt sein. Eine bipolare affektive Störung sei eine Erkrankung, bei der sich depressive und manische Phasen abwechseln. Eine Manie sei eine krankhafte Hochstimmung und müsse ebenfalls therapiert werden. Bei der Winterdepression, der sogenannten saisonalen Depression, helfe oft schon eine Lichttherapie in den dunklen Monaten.

Nun wollte ich doch wissen, woran ich erkrankt sei und wie lange der Zustand noch anhalten würde. Dr. Fischer sagte, er schätze die Situation so ein, dass ich schon an einer schweren Depression erkrankt sei, weil meine Symptome dafür sprächen. Ich fragte ihn, was mit meinem Kopf und mit meinem Körper los sei. Geduldig erklärte er mir, dass ich keine Schuld an meinem Zustand habe. Bei mir sei sozusagen der Hirnstoffwechsel aus dem Lot geraten. Die Botenstoffe Serotonin und Noradrenalin lägen nicht mehr in der optimalen Konzentration vor. Wenn das Gleichgewicht dieser Botenstoffe gestört sei, könnten die Impulse zwischen den Hirnzellen nicht mehr richtig übertragen werden. Das schlüge sich dann in den Gedanken und Gefühlen nieder. Man fühle sich körperlich krank, und man sei dann auch krank und sollte sich einer Therapie unterziehen.

Das tat ich ja. Deshalb war ich auch so verzweifelt, dass ich nach mehreren Monaten und zwei verschiedenen Antidepressiva keine Besserung spürte. Dr. Fischer riet mir dazu, mich körperlich zu betätigen und vielleicht Sport zu treiben. Ich dachte nur: Er hat keine Ahnung, wie schlecht es mir wirklich geht.

Ich hatte überhaupt keine Kraft, Sport zu treiben. Ich war froh, wenn ich es schaffte, morgens aufzustehen und mich zu waschen. Mir fehlte einfach die Kraft, auch nur kleinste Dinge zu verrichten. Mein Körper war schwer wie Blei und ich schleppte mich nur so durch den Tag. Obwohl ich meist nicht schlafen konnte, war ich froh, wenn ich ins Bett gehen konnte. Ich lag dann stundenlang wach und grübelte über das Leben nach.

Was war mit mir passiert? Warum konnte ich mich nicht zusammenreißen und wieder einen normalen Tag erleben? Es ging einfach nicht, ich schaffte so gut wie nichts mehr. Ich weinte auch in diesen Monaten sehr viel.

Im Herbst 2000 hatte ich wieder einen Termin bei Dr. Fischer. Er fragte mich, ob ich mir vorstellen könnte, mich in einer psychosomatischen Klinik für sechs Wochen behandeln zu lassen. Da ich schon längere Zeit krankgeschrieben war, könnte er diese Reha-Maßnahme über die Rentenversicherung beantragen. Ich war einverstanden und hoffte, dass mir der Aufenthalt helfen würde.

Einige Wochen später bekam ich Post von der Rentenversicherung. Man teilte mir mit, dass meine Reha bewilligt worden sei. Ich würde dann für sechs Wochen in den Harz reisen, nach Bad Frankenhausen. Zeitgleich kam auch der Brief von der Reha-Klinik. Ich sollte am 13.12.2000 dort anreisen.

Mein Mann fuhr gegen neun Uhr mit mir los. Es war ein milder, aber sehr windiger Tag. Wir hielten an einer Autobahnraststätte und frühstückten dort. Ich trank Kaffee und aß nur eine Kleinigkeit, weil mein Magen wie zugeschnürt war. Ich war schon ziemlich aufgeregt, weil ich nicht wusste, was mich erwarten würde – sechs Wochen war eine lange Zeit.

Wir kamen gegen Mittag in der Klinik an und ich wurde sofort auf mein Zimmer gebracht. Schön war für mich, dass ich ein Einzelzimmer hatte. Kaum hatte ich mich darin umgesehen, sollte ich auch schon zu meiner behandelnden Ärztin kommen.

Sie begrüßte mich freundlich und es begannen einige körperliche Untersuchungen. Danach zeigte mir eine andere Patientin die Klinik und in dem großen Speisesaal wurde mir mein Tisch zugewiesen. Ich sollte um 18 Uhr zum Abendbrot dort sein.

So hatte ich noch etwas Zeit und konnte mich mit meinem Mann unterhalten. Er hatte sich in einer Pension ein Zimmer gebucht und wollte erst am nächsten Morgen zurück nach Berlin fahren.

Zur Abendbrotzeit ging ich in den Speisesaal und musste erst meinen Platz wiederfinden. Es saßen noch fünf andere Patienten am Tisch. Sie unterhielten sich angeregt, sicher waren sie schon länger dort. Ich holte mir nur eine Schale mit Salat, weil ich immer noch keinen Hunger hatte.

Dann stellte sich eine Patientin, die neben mir saß, vor. Ich hatte ganz vergessen, mich zuerst vorzustellen. Sie schien sehr nett zu sein und sie hieß Waltraud. Ich hörte nebenbei, dass drei Patienten an unserem Tisch auf der psychosomatischen Station untergebracht waren und drei auf der orthopädischen Station. So war die Aufteilung an allen Tischen.

Nach dem Abendessen ging ich auf mein Zimmer, weil ich mit meinem Mann verabredet war. Als ich das Zimmer betrat, sah ich, dass meine Medikamentenbox schon auf dem Nachttisch stand.

Kurze Zeit später klopfte es und mein Mann stand vor der Tür. Ich freute mich sehr, ihn zu sehen. Wir unterhielten uns und tranken eine Tasse Tee zusammen.

Mein Mann war so nett und packte meine Sachen aus, weil ich total müde war und keine Kraft mehr hatte. Wir wussten, dass wir uns nun sechs Wochen nicht sehen werden. Aber es gab ein Telefon im Zimmer und so konnten wir immer in Kontakt bleiben. Ein Handy hatten wir damals noch nicht. Wir verabschiedeten uns lieb und ich wünschte ihm eine gute Fahrt nach Berlin.

Als mein Mann gegangen war, stellte ich mich unter die Dusche, nahm meine Medikamente und fiel ins Bett.

Am nächsten Morgen wurde ich erst um sieben Uhr wach und war sehr erfreut, dass ich so gut geschlafen hatte.

Ich machte mich schnell fertig und ging im Eiltempo zum Speisesaal. Die anderen fünf Patienten saßen schon am Tisch und erzählten von ihren Therapien. Ich kam so allmählich mit ihnen ins Gespräch und wir verabredeten uns für den Nachmittag zu einem Spaziergang in den Ort.

Als ich mit dem Frühstück fertig war, ging ich zum Schwesternzimmer und bekam dort meinen Therapieplan. Er war sehr umfangreich: Ergotherapie, Tanztherapie, autogenes Training, Sport, Schwimmen und noch einiges mehr. Ich setzte mich erst mal hin und begutachtete den Plan. Dabei fragte ich mich, wie ich das alles schaffen sollte. Für das Mittagessen waren nur 15 Minuten Zeit eingeplant. Ich war skeptisch. Nun ja, sicherlich sollte ich für das Arbeitsleben wieder fit gemacht werden. Schließlich bezahlte die Rentenversicherung die Kosten der Reha-Klinik.

Ich konnte nicht jeden Tag an allen Therapien teilnehmen. Wenn es mir schlecht ging und ich Ruhe brauchte, ließ ich mich freistellen.

Jeden Morgen fand ein Gruppengespräch mit der Psychologin, Frau Hartmann, statt. Alle Patienten sollten berichten, wie es ihnen ging.

An einem Morgen saß ich in der Runde und bekam plötzlich zittrige Hände, die dann auch noch feucht wurden. Alles drehte sich in meinem Kopf. Ich verließ den Raum, ging schnell auf mein Zimmer und legte mich sofort aufs Bett, weil sich der Boden unter mir drehte.

Auf dem Rücken liegend sah ich zur Zimmerdecke. Nun bekam ich einen richtigen Schweißausbruch und auch Angstgefühle. Ich konnte mir nicht erklären, woran es lag, dass ich mich so schlecht fühlte.

Dann klingelte mein Telefon und meine Psychologin war dran. Sie fragte mich, ob ich zu ihr kommen würde. Ich sagte, dass ich lieber noch eine Weile auf meinem Bett liegen bleiben möchte. Sobald es mir besser gehe, würde ich zu ihr kommen.

Nach ungefähr einer Stunde konnte ich wieder aufstehen und ging zu Frau Hartmann. Sie erklärte mir, dass solche Rückschläge zu meinem Krankheitsbild dazugehören und ich keine Panik haben sollte.

Die Angst blieb aber den ganzen Tag über und ich verkroch mich in meinem Zimmer.

Das sollte nicht mein einziger Rückschlag sein. Einige Tage später fuhr ich mit vier anderen Patientinnen nach

Erfurt. Wir besichtigten die Stadt und schauten uns viele Sehenswürdigkeiten an. Dann entschieden wir, chinesisch essen zu gehen. Wir setzten uns in ein schönes Restaurant und bestellten.

Als mein Essen serviert wurde, fing das Zittern wieder an, nur war es diesmal stärker. Ich hatte große Mühe, die Stäbchen festzuhalten. Schweiß stand auf meiner Stirn und erneut wurden meine Hände feucht. Ich konnte einfach nicht richtig essen und schob meinen Teller weg. Der Kellner dachte, dass es mir nicht schmeckt, aber ich sagte ihm, dass ich schon satt sei.

Als wir zurückfuhren, war es schon dunkel. Ich sprach die ganze Zeit kein Wort und war froh, als wir die Klink erreichten. Sofort ging ich in mein Zimmer und rief meinen Mann an. Ich erzählte ihm, was passiert sei, und er riet mir, die Ärztin aufzusuchen.

Am nächsten Morgen ging ich zuerst zur Ärztin und erzählte ihr, wie ich mich fühle. Sie meinte, vielleicht sollten wir die Medikation umstellen. Mir war das egal, ich wollte mich nur nicht mehr so schrecklich fühlen. Das alles machte mir große Angst.

Ein paar Tage ging es mir relativ gut. Aber der nächste Schock folgte dann auf dem Weg zum Speisesaal. Ich ging den Gang entlang und hatte plötzlich das Gefühl, aus meinen Schuhen zu schweben. Es fühlte sich so an, als würde ich den Boden nicht mehr berühren. Ich drehte mich um und lief wie in Trance zur Ärztin.

Sie kontrollierte meinen Blutdruck und schaute sich meine Pupillen an. Sie konnte nichts feststellen, gab mir aber einen Rat: Wenn ich dieses Gefühl habe, sollte ich mich am Geländer festhalten und meinen Körper nach unten drücken. Außerdem sollte ich mich ausruhen und für diesen Tag an keiner Therapiesitzung teilnehmen.

Wie benommen ging ich auf mein Zimmer und schloss mich ein. Ich bekam einen Weinkrampf und wusste nicht, wie das alles weitergehen sollte.

Es folgten noch viele Tage in der Klinik, an denen es mir richtig schlecht ging. Gegen Ende meines Aufenthaltes wurde ich zur Ärztin bestellt. Sie sagte mir, dass ich leider krank entlassen werde und weiter eine Krankschreibung benötige. Von den Patienten, die ich kannte, war ich die Einzige, die krank entlassen wurde. Aber die Entscheidung war richtig. Ich hätte nicht wieder arbeiten können.

Am letzten Tag traf ich mich mit einigen Patienten und wir gingen zusammen ins Café. Dort tauschten wir Adressen und Telefonnummern aus. Wir wollten in Kontakt bleiben, wiedergesehen habe ich aber keinen von ihnen. Mit zwei Patienten habe ich noch einige Male telefoniert. Es hätte mir bestimmt gefallen, sie noch mal zu treffen.

Mein Mann und mein Bruder holten mich am nächsten Morgen von der Klinik ab.

Wieder in Berlin angekommen, stellte sich bei mir ein mulmiges Gefühl ein. Werde ich den Haushalt schaffen und auch sonst zurechtkommen?

Als ich die Wohnung betrat, erwarteten mich schöne Tulpensträuße. Mein Mann wusste, dass ich Tulpen sehr mag, und hatte damit die Wohnung ausgeschmückt. Ein wohlschmeckender Gemüseeintopf war auch schon gekocht. Ich freute mich, dass mein Mann sich solche Mühe gegeben hatte, denn die letzte Zeit war auch nicht einfach für ihn.

In den ersten Stunden fühlte ich mich fremd in unserer Wohnung. Ich war ja auch sechs Wochen nicht zu Hause gewesen. Zeitig ging ich an diesem ersten Abend zu Bett. Ich träumte sehr viel und schlief unruhig. Mein Mann schlief weiterhin im anderen Zimmer, anders hätte ich es auch nicht gewollt.

Am frühen Morgen wachte ich auf, ich hatte für meine Verhältnisse ganz gut geschlafen. Ich ging in die Küche und stellte die Kaffeemaschine an. Mein Mann hatte sich extra ein paar Tage Urlaub genommen. Ich betrat sein Zimmer und hielt ihm eine Tasse mit duftendem Kaffee unter die Nase. Da öffnete er seine Augen und guckte mich an. »Schön, dass du wieder bei mir bist«, sagte er. Das freute mich so sehr, dass ich ihn innig küsste.

Während des Frühstücks konnten wir darüber reden, wie es weitergehen soll, weil ich ja noch krankgeschrieben war.

Am nächsten Tag fuhren wir zusammen zu meinem Psychiater. Wir mussten wieder sehr lange warten, bis ich aufgerufen wurde. Dr. Fischer begrüßte mich freundlich und erkundigte sich nach meinem Befinden. Ich erzählte ihm von der Klinik und dass ich noch nicht gesund bin. Er meinte dazu, er habe auch nicht erwartet, dass ich so schnell gesund werden würde. Aber er habe den Eindruck, dass es mir etwas besser gehe.

Damit lag er richtig, etwas besser ging es mir schon, aber nicht viel besser. Wir besprachen, dass ich weiterhin eine Krankschreibung erhalte, auf die ich Krankengeld beziehen kann. Außerdem sollte ich jetzt alle vier Wochen zu ihm kommen.

Mitte Februar 2001 bekam ich Post von meiner Krankenversicherung. Ich sollte zu einer Gutachterin in Berlin-Wedding, weil ich schon so lange krank war.

Sehr aufgeregt fuhren wir zu dem Termin. Eine große, schlanke Frau empfing mich. Sie begrüßte mich höflich und setzte sich mir gegenüber. Ich sollte erzählen, warum ich mich so schlecht fühle und welche Therapien ich bereits gemacht habe. Wir redeten sehr lange und zum Abschluss untersuchte sie mich noch körperlich. Sie durfte mir aber nicht sagen, wie sie entscheiden wird. Ich war erst mal froh, diesen Termin hinter mir zu haben.

Zu Hause angekommen, erzählte ich meinen Eltern davon. Sie waren genauso aufgeregt wie ich. Das scheint wohl in unseren Genen zu liegen, dass wir bei vielen Dingen immer fürchterlich nervös sind.

Um mich zu beruhigen, sagte ich mir: Einfach abwarten, wie die Gutachterin entscheidet.

Nach drei Wochen schrieb mir meine Krankenkasse, dass ich eine Erwerbsunfähigkeitsrente beantragen solle, weil ich nicht mehr drei Stunden pro Tag arbeiten könne und somit nicht vermittelbar sei.

Erst war es ein Schock, dass ich mit 36 Jahren Rente beantragen soll. Vor allem hatte ich doch noch nicht so lange gearbeitet, dass ich von der Rente leben könnte. Es blieb mir aber nichts anderes übrig.

Die Rente wurde auch schnell genehmigt, aber sie war so gering, dass ich ohne meinen Mann zum Sozialamt hätte gehen müssen.

Der Rest des Jahres verlief mit wenigen Höhen und vielen Tiefen. Ich konnte an manchen Tagen nicht aufstehen, weil mir so schwindlig war. Oft wollte ich alle Tabletten einfach in die Toilette kippen und damit generell aufhören. Mein Mann überzeugte mich dann immer, die Medikamente weiter einzunehmen.

Ich ging alle vier Wochen zu meinem Psychiater und machte parallel eine Psychotherapie. Aber alles half nicht, ich fühlte mich noch immer nicht gesund. Ich hatte eine sehr hartnäckige Depression.

Mein Psychologe stellte öfter die Medikamente um, doch alles brachte keinen großen Erfolg. Er erklärte mir, dass es verschiedene Arten von Antidepressiva gibt. Zum Beispiel MAO-Hemmer, heute selten verwendet, TZA und TeZA (trizyklische bzw. tetrazyklische Antidepressiva), SSRI (selektive Serotonin-Wiederaufnahmehemmer) und weitere. Bei bipolaren Störungen können Lithium, Valproinsäure oder Carbamazepin die Stimmung stabilisieren. Mein Medikament war aus der Wirkstoffgruppe TZA, also trizyklisch. Es hieß Amitriptylin.

Mein Psychologe erhöhte alle paar Wochen die Dosis, bis wir bei der Höchstdosis angekommen waren. Dann bekam ich wieder ein neues Medikament, aber auch ohne großen Erfolg.

Ich verbrachte 2001 und auch 2002 viele Monate bei meinen Eltern. Sie umsorgten mich mit so viel Liebe, wie man es sich nur wünschen kann. Mein Vater war selbst nicht gesund, aber er versuchte mich immer aufzubauen. Oft sang er mir mit seiner schönen Stimme eine Arie vor und ich applaudierte. In solchen Momenten vergaß ich schon mal meinen Kummer.

Meine Eltern hatten einen schönen Garten. Ich ging im Sommer oft früh am Morgen hinaus und setzte mich hin.

Dann hörte ich den Vögeln zu und genoss es, wenn allmählich die Sonne am Horizont aufging. Meine Eltern schliefen um diese Zeit noch und ich war glücklich, bei ihnen zu sein. Ich wohnte in meinem Kinderzimmer, alles war fast so wie vor 25 Jahren. Aber ich liebte dieses morbide Inventar und fühlte mich sehr geborgen im Haus meiner Eltern.

Manchmal ging es mir am Abend etwas besser und ich goss den Garten oder zupfte Unkraut in den Beeten. Es war oft so, dass es mir morgens ganz besonders schlecht ging und am Abend dann etwas besser. Wenn mich jemand nach meinem Befinden fragte, machte ich es anhand einer Prozentzahl fest. »50 % besser« hieß, dass es einigermaßen ging. »10 % besser« bedeutete, dass es gar nicht ging. Wenn mein Mann anrief, so gegen 17 Uhr, musste ich ihm oft sagen, dass es mir nur 10 % besser ging. Nach 20 Uhr aber war es meist schon 50 % besser. Das musste mit den Hormonen zusammenhängen, eine andere Erklärung hatte ich dafür nicht.

Es gab auch Tage, an denen es mir so schlecht ging, dass ich nicht einmal mit meinem Mann telefonieren konnte. Meine lieben Eltern beruhigten ihn dann, weil er sich besonders große Sorgen machte.

Das Jahr 2003 fing eigentlich ganz gut an. Ich fühlte mich etwas stärker und konnte so einiges, wie zum Beispiel Lesen, wieder tun. Oft ging ich bei Eiseskälte mit meinem Mann im Park spazieren. Die frische Luft tat mir sehr gut. Ich konnte auch öfter wieder lächeln. Mein Arzt meinte, nun hätte ich das Schlimmste überstanden, die Therapien hätten angeschlagen. Aber das große Unglück stand mir noch bevor, nur ahnten wir alle zu diesem Zeitpunkt noch nichts davon.

Im Mai fuhren wir nach Wandlitz, ein Tagesausflug sollte es werden. Wir spazierten am Wasser entlang und wollten essen gehen. Auf einmal wurde mir ganz schlecht und auch dieser Schwebezustand, wie ich ihn in Bad Frankenhausen erlebt hatte, war wieder da. Ich bat meinen Mann, sofort mit mir zurückzufahren, ich konnte unmöglich essen gehen.

Zu Hause angekommen, musste ich mein Beruhigungsmittel, Bromazanil, einnehmen. Ich hätte es sonst nicht ausgehalten. Die ganze Nacht konnte ich nicht schlafen und war vollkommen fertig. Ich hatte bis dahin gedacht, bald wieder arbeiten zu können.

Am nächsten Morgen rief ich meinen Arzt an, der meinte, ich solle erst mal für eine Woche das Beruhigungsmittel morgens und abends einnehmen. Das tat ich dann auch und wurde ruhiger. Aber an meinen Depressionen änderte es gar nichts. Es kam so weit, dass ich über Monate, von Mai bis Dezember, die Wohnung nicht verlassen konnte. Zum Arzt schaffte ich es auch nicht mehr. Mein Mann holte dann immer meine Medikamente für mich ab. Ich saß den ganzen Tag vor dem Fernseher und versuchte mich abzulenken. Wenn es klingelte, hatte ich sofort Angst, und ich ging selten ans Telefon. Nur wenn meine lieben Eltern anriefen, dann ging ich ran.

Mein Mann besuchte meine Eltern oft. Jedes Mal, wenn er den Wagen vor ihrem Haus parkte, schaute meine Mutter, ob ich auch im Auto sitze. Sie gab ihm immer Mittagessen für mich mit, das er mir dann zu Hause warm machte.

Ich kam mir so nutzlos vor, so weit entfernt von allem, was normal war. Wenn ich mit meinem Arzt telefonierte, dann sagte er, dass ich krank sei und mich nicht dafür schämen müsse. Aber ich konnte keinen Schritt vor die Wohnungstür machen. Es war, als hielte mich eine fremde Macht davon ab. Ich war zu dieser Zeit sehr verzweifelt und musste ständig weinen. Es fühlte sich so an, als ob ich nicht mehr zur Gesellschaft dazugehöre. Ich ging gar nicht mehr an die frische Luft. Nur morgens, ganz früh, öffnete ich das Fenster weit und atmete tief ein.

Die Monate bis Dezember waren lang. Es kamen Weihnachten und Silvester, aber ich war gar nicht in der Lage, irgendetwas für das Fest vorzubereiten. Ich konnte einfach keine Freude empfinden, deshalb wollte ich auch nicht zu meinen Eltern fahren und sie noch weiter belasten. Meine Mutter hatte schon genug mit meinem kranken Vater zu tun.

Zu Silvester wünschten wir meiner Familie ein frohes neues Jahr und alle hofften, dass es bald mit mir wieder aufwärtsgeht. Ich war es schon leid, immer sagen zu müssen, wie elend ich mich fühlte. Aber das war die Realität, trotz der Medikamente verbesserte sich mein Zustand nicht.

Dann kam der 08.01.2004, unser 16. Hochzeitstag. Mein Mann war früh aus dem Haus gegangen, um Blumen zu kaufen. Ich tat so, als würde ich mich darüber freuen, was natürlich nicht so war. Wir frühstückten an diesem Morgen zusammen.

Plötzlich bekam ich eine heftige Panikattacke und dachte, ich würde jetzt sterben. Ich zitterte am ganzen Körper und konnte mich nicht rühren. Dieser Zustand hielt ungefähr fünf Minuten an. Danach rang ich um Luft und schrie. Ich dachte, dass ich das nicht überleben werde. Mein Mann war kreidebleich und völlig sprachlos.

Innerhalb von zehn Minuten entschieden wir, dass ich Hilfe benötige und wir in eine Klinik mit psychiatrischer Abteilung fahren. Schnell packte mein Mann eine Tasche mit dem Nötigsten ein und wir fuhren ins Krankenhaus.

Bei der Anmeldung fragte mein Mann, ob eine Ärztin oder ein Arzt kommen könnte. Eine Notaufnahme gab es in diesem Krankenhaus nicht, aber wir versuchten es.

Nach kurzer Wartezeit kam eine Ärztin, sie war Psychiaterin. Wir beide schilderten ihr, was mir passiert war, und erzählten in kurzen Sätzen, dass ich schon seit längerer Zeit an Depressionen leide und regelmäßig Medikamente einnehme, unter anderem auch Beruhigungsmittel. Sie entschied sofort, dass ich stationär aufgenommen werde.

Wir fuhren zu dritt mit dem Fahrstuhl hoch und ich sollte schnell eingewiesen werden. Nach kurzer Zeit kam eine Krankenschwester und brachte mich aufs Zimmer. Es war ein Vierbettzimmer und ich bekam das Bett am Fenster. Ich musste mich setzen und hielt ganz fest die Hand meines Mannes. Ich hatte große Angst und wusste nicht, was noch alles auf mich zukommen würde.

Die Ärztin kam und holte mich zu einem Gespräch ab, an dem auch der Oberarzt teilnahm. Ich versuchte, so gut wie möglich meine Erkrankung zu schildern und zu erzählen, was am Vormittag passiert war. Sie waren auch der Meinung, dass es sich dabei um eine Panikattacke gehandelt hatte. Meine Vermutung war also richtig. Dass ich seit längerer Zeit Beruhigungsmittel einnahm, gefiel beiden nicht. Sie beschlossen, mir am nächsten Tag kein Beruhigungsmittel mehr zu geben. Ich dachte: Sie sind schließlich Ärzte und werden schon das Richtige entscheiden.

Als ich ins Zimmer zurückkam, hatte mein Mann schon

meine Sachen in den Schrank geräumt. Ich war ihm so dankbar, dass er immer an meiner Seite war.

Nach und nach betraten auch die anderen drei Patienten das Zimmer und ich begrüßte sie. Schnell kamen wir ins Gespräch und so erfuhr ich schon am ersten Tag von ihren Beschwerden.

Ich besaß damals kein Handy und ging ins Foyer, um meine lieben Eltern anzurufen. Sie fanden es richtig, dass wir ins Krankenhaus gefahren sind.

Schnell kam der Abend und es graute mir schon davor, weil ich befürchtete, ohne Beruhigungsmittel nicht schlafen zu können. Als ich im Bett lag, ratterte mein Gehirn und ich war etwas überdreht. Dann stand ich auf und setzte mich in den Aufenthaltsraum. Zwei Patientinnen saßen auch dort und drehten sich Zigaretten. Ich ging wieder hinaus und lief den Flur auf und ab.

Es war mittlerweile schon Mitternacht. Eine Nachtschwester fragte mich, ob ich nicht schlafen könne. Sie meinte dann, sie dürfe mir leider nichts zum Schlafen geben, da in meinen Unterlagen nichts diesbezüglich drinstehe. Also legte ich mich wieder hin, stand erneut auf und so weiter, bis um sieben Uhr morgens.

In dieser Nacht hatte ich tatsächlich nicht eine Minute geschlafen. Am Morgen war mein Kopf müde und schwer. Meine drei Zimmernachbarinnen reckten und streckten sich nach gutem Schlaf. Ich war irgendwie neidisch, dass sie so gut geschlafen hatten.

Müde ging ich duschen und holte mir Kaffee. Frühstück konnte ich nicht essen, mein Magen war wie zugeschnürt. Dann war bald Visite und ich erhielt meinen Therapieplan, der kaum freie Zeit aufwies.

Nach der Visite musste ich zur ersten Therapie und konnte meine Müdigkeit kaum aushalten. Aber irgendwie schaffte ich diesen ersten Tag und war gegen 19 Uhr im Bett, obwohl erst um 22 Uhr Bettruhe war. Das war mir egal, ich wollte einfach meine Augen schließen.

Als ich aufwachte, war es bereits sechs Uhr früh und ich freute mich sehr, dass ich viele Stunden geschlafen hatte. Die Schwestern meinten, man sähe es mir an, dass es eine erholsame Nacht war. Jetzt hatte ich auch Appetit auf Frühstück. Nach dem Frühstück ging ich wieder zu meinen Therapien. So vergingen die Tage.

Nach der ersten Woche in stationärer Behandlung fühlte ich mich etwas besser. Ich dachte: Es geht auch ohne Beruhigungsmittel, wie schön!

Der neunte Tag war ein warmer, sonniger Sonntag. Ich hatte viel Zeit, denn am Wochenende fanden keine Therapien statt. Nach dem Mittagessen beschloss ich, mir die Haare zu waschen. Die anderen legten sich aufs Bett und ich ging ins Bad. Etwas schwindlig war mir schon, aber ich dachte, das würde wieder vorbeigehen.

Nach dem Haarewaschen ging ich ins Zimmer zurück und ließ meine Haare lufttrocknen. Ich setzte mich auf einen Stuhl und blätterte in einem Magazin.

Was in den nächsten Minuten geschah, bekam ich nicht mehr mit. Als ich wieder zu mir kam, lag ich auf meinem Bett und eine Ärztin versuchte, meine verkrampften Finger auseinanderzuziehen. Ich fühlte in diesem Moment gar nichts. Was war mit mir passiert?

»Sie hatten einen epileptischen Anfall«, hörte ich die Ärztin sagen. »Bleiben Sie ruhig liegen. Sie bekommen ein Medikament, das einen weiteren Anfall verhindern soll.«

Langsam begriff ich, was mit mir geschehen war. Die anderen Patienten erzählten mir, dass ich vom Stuhl gefallen war. Mein ganzer Körper krampfte und sie riefen um Hilfe. Als die Ärztin kam, legten sie mich aufs Bett.

Ich hatte starke Kopfschmerzen, die Schwester kam mit einem Eisbeutel zu mir und sagte: »Bitte kühlen Sie Ihren Kopf.« Als ich aufstehen konnte, ging ich ins Bad und sah in den Spiegel. Mein Gesicht war von Blutergüssen übersät, es leuchtete in allen Farben.

Später kam der Oberarzt und entschuldigte sich bei mir. Es wäre falsch gewesen, das Beruhigungsmittel sofort abzusetzen, meinte er. Sie hätten es langsam ausschleichen müssen, dann wäre der Krampfanfall nicht eingetreten. Nun sollte ich für zwei Wochen ein Medikament einnehmen, um einen erneuten Anfall zu verhindern.

Da hatte ich geglaubt, die Ärzte wissen, was sie tun, und dann passiert mir im Krankenhaus so etwas, dachte ich. Ich hatte Blutergüsse im Gesicht und starke Kopfschmerzen. Für zwei Tage wurde ich von allen Therapien freigestellt.

Als ich ungefähr zwei Wochen im Krankenhaus war, bekamen wir einen neuen Stationsarzt. Wir lernten ihn bei der Morgenvisite kennen. Schon nach der ersten Morgenrunde dachte ich mir: Mit diesem Arzt werde ich Probleme bekommen. Manchmal hat man ja so ein Gefühl. Er wirkte gleich unsympathisch auf mich. Als ich ihn ansprach, merkte ich, dass er meine Probleme nicht ernst nahm. Er verwies mich nur auf die Therapien, an denen ich teilzunehmen hatte.

Eines Tages kam er auf mich zu und meinte, dass es eine Selbsthilfegruppe für Alkohol- und Medikamentenabhängigkeit in der Klinik gäbe. Diese sollte ich besuchen.

Das tat ich dann auch. Allerdings waren in dieser Gruppe nur Patienten mit Alkoholabhängigkeit, von Tabletten war hier keine Rede. Ich war zu gehemmt, um über mein Problem zu sprechen. Viermal nahm ich an einer Gruppensitzung teil. An dem fünften Termin ging es mir sehr schlecht und ich blieb in meinem Bett liegen.

Am nächsten Morgen stürmte der Stationsarzt in mein Zimmer und forderte mich wütend auf, vor die Tür zu kommen. Er fragte mich, was ich mir erlaube, nicht zu dieser Gruppe zu gehen, ich müsse jetzt eine Vereinbarung unterschreiben.

Ich stand da wie ein kleines Kind und sagte keinen Ton. Ich war sehr erschrocken über die Art und Weise, wie er mit mir umging, und merkte, dass ich rot im Gesicht wurde.

Kurze Zeit später bekam ich ein Blatt Papier, auf dem stand, dass ich mich verpflichte, an allen Therapien teilzunehmen. Ich unterschrieb es und dachte mir: Was habe ich für ein Pech mit diesem Arzt. Die anderen Patienten mussten nichts unterschreiben und wurden von anderen Ärzten behandelt. Ich war die Einzige, die eine solche Ansage vom Arzt bekam, obwohl die anderen sich drückten, wo sie nur konnten. Ich hatte ihm gesagt, dass ich mich schlecht fühle, aber das spielte bei diesem Arzt keine Rolle. Ich weiß wirklich nicht warum, aber er hatte etwas gegen mich. Allerdings fand ich ihn auch von Anfang an sehr unsympathisch.

Wir gerieten noch ein weiteres Mal aneinander. Nach einem anstrengenden Tag voller Therapien stürmte dieser Arzt ins Zimmer und sagte zu mir: »Sie waren heute noch nicht außerhalb der Klinik. Sie müssen noch bis 20 Uhr mit dem Bus oder der S-Bahn fahren.« Ich aß gerade mein Abendbrot und dachte, dass ich nicht richtig höre. Er meinte, ich solle mich in Bewegung setzen, sonst würde morgen mein Bett anderweitig vergeben. Dann verließ er das Zimmer.

Es war schon dunkel und ich hatte wirklich große Angst, rauszugehen. Das war ja mein Hauptproblem. In Begleitung wäre es gegangen, aber niemand konnte oder wollte mitkommen. Außerdem bestand er darauf, dass ich alleine losfahre.

Das war nach sieben Therapien an diesem Tag einfach zu viel für mich. Ich ging zu diesem Arzt und sagte ihm, dass ich auf keinen Fall mehr im Dunkeln losfahren werde. »Dann sind Sie morgen früh entlassen«, antwortete er. Ich holte tief Luft und ging wütend auf mein Zimmer. Niemand sollte mich jetzt ansprechen, ich war in schlechter Laune. Da haben die meinen Krampfanfall zu vertreten und dann werfen sie mich einfach aus der Klinik, dachte ich. Die wollten mich wohl loswerden. Damals konnte ich mich nicht wehren, weil ich einfach zu krank dafür war, aber heute würde ich gegen diese Art der Behandlung mit einem Anwalt vorgehen. Selbst der Oberarzt, den ich um ein Gespräch bat, winkte einfach nur ab. Ich wollte ihm erzählen, wie mich dieser Arzt behandelt, kam aber leider nicht zu Wort.

Nun, es war nicht zu ändern und ich erhielt am Morgen meine Entlassungspapiere. Mein Mann konnte mich nicht abholen und so fuhr ich mit dem Taxi nach Hause.

Dort angekommen, konnte ich nur noch weinen über

diese ungerechte Behandlung. Als mein Mann kam, saß ich im Dunkeln in der Küche. Er sorgte sich um mich, aber ich sagte ihm, es würde schon weitergehen.

Es vergingen zwei Wochen, seit ich aus der Klinik rausgeschmissen wurde. An einem Abend legte ich mich ins Bett und plötzlich wurden meine Beine unruhig. Ich stand auf und lief in der Wohnung hin und her, da wurde die Unruhe in den Beinen besser. Als ich mich wieder hinlegte, ging es erneut los. Ich spannte ganz stark meine Beinmuskeln an, aber es half nichts. Die ganze Nacht rannte ich umher, stand an die fünfzigmal aus dem Bett auf.

Am nächsten Morgen fuhren wir direkt ohne Termin zu einem Neurologen. Ich erzählte ihm, was ich in meinen Beinen empfinde. Er meinte, meine Probleme deuteten auf ein Restless-Legs-Syndrom hin. Ich bekam ein Rezept und sollte abends eine halbe Tablette einnehmen. Das tat ich dann auch.

Kurz nach der Einnahme lag ich im Bett und sah plötzlich Ameisen auf meinem weißen Laken krabbeln. Ich ging in die Küche und erschrak, alles sah blutverschmiert aus. Es war wie in einem Albtraum. Aber ich wusste gleichzeitig, dass ich mir das nur einbildete. Mein Mann schlief im anderen Zimmer und bekam davon nichts mit.

Ich rief am nächsten Morgen den Neurologen an. Er sagte, ich solle keine Tablette mehr einnehmen. Aber etwas anderes gegen meine Beschwerden hatte er auch nicht. Es graute mir vor der nächsten Nacht, und natürlich ging das mit meinen Beinen wieder los.

Ich quälte mich mehrere Tage damit. Wenn ich ganz schnell einschlief, bemerkte ich nichts. Blieb ich aber länger wach, dann hielt dieser zermürbende Zustand die ganze Nacht an.

Dann kam Ostern 2004. Es war schon sehr mild draußen und der Frühling sollte bald kommen. Ich entschied am Ostersamstag, wieder in eine Klinik zu gehen. Mein Mann war aufgrund meiner vorherigen Erfahrungen skeptisch, deshalb rief ich meinen Bruder an. Er sagte mir, er würde mich in die Klinik bringen.

Als mein Mann vom Einkaufen zurückkam, informierte ich ihn darüber. Er war absolut dagegen – und im Nachhinein betrachtet hatte er recht.

Wie verabredet, holte mich mein Bruder ab und brachte mich in die Klinik. Dort mussten wir viele Stunden warten. Mein Mann kam dann später nach, er war allerdings noch immer skeptisch, was meinen erneuten Krankenhausaufenthalt betraf.

Ich wurde nach der Untersuchung aufgenommen und kam in ein Vierbettzimmer. Mir war alles egal, ich wollte nur, dass das mit meinen Beinen aufhört.

Am Morgen hatte ich ein Gespräch mit einem Arzt, der mir den Medikamentenplan mitteilte. Außerdem bekam ich wieder eine Liste mit vielen Therapien, die für mich vorgesehen waren. Ich wusste nicht, wie ich das alles schaffen sollte, aber ich hatte große Angst, auch nur eine Therapiesitzung zu verpassen. Ich wollte nicht wieder entlassen werden.

So rannte ich von einer Therapie zur nächsten. Es blieb kaum Zeit, in Ruhe etwas zu essen. Diese Klinik übte einen ungeheuren Druck auf alle Patienten aus, jeder spürte das. Erst nach 20 Uhr konnte man sich ein wenig entspannen.

Nach einer Woche wurde mir mitgeteilt, dass meine Medikamente erhöht werden, um mich vor einem Anfall zu schützen. Mit meinen Beinen wurde es langsam besser, nur psychisch fühlte ich mich weiterhin krank. Trotz all der Medikamente konnte ich nicht ausreichend schlafen.

Nach zwei Wochen bekam ich Besuch von meinem Mann und meiner Schwester. Ihr fiel auf, dass ich einen braunen Kreis im Gesicht hatte. Sie dachte erst, es wäre Makeup, aber ich schminkte mich im Krankenhaus nicht. Ich schaute in den Spiegel und sah es dann auch. Mein Gesicht sah sehr seltsam aus, was mir vorher nicht aufgefallen war.

Ich sagte der Schwester Bescheid und sie wollte den Arzt informieren. Der Arzt schaute nur kurz mein Gesicht an und sagte, dies sei eine Nebenwirkung der Medikamente, die wieder weggehe.

Ich hatte bisher nur bemerkt, dass ich Wasser in meinen Beinen und Knöcheln hatte. Nun war der braune Kreis in meinem Gesicht dazugekommen.

Ein paar Tage später bekam ich Bauchkrämpfe und Durchfall. Ich erhielt dann Tabletten, aber der Durchfall hielt noch lange an. Oft schaffte ich es während einer Therapiesitzung gerade so zur Toilette.

Nach vier Wochen sollte ich entlassen werden, obwohl der braune Kreis in meinem Gesicht noch stärker sichtbar war. Die Medikamentendosis war während meines Klinikaufenthalts immer mehr erhöht worden. Ich war unsicher, ob sich all die Medikamente miteinander vertragen würden. Wegen des Durchfalls hatte ich in der Klinik sieben Kilo abgenommen. Ich sah stark abgemagert aus, weil ich vorher auch nur 58 Kilo gewogen hatte. Meine Hosen waren jetzt viel zu weit.

Zu Hause ging es mit Erbrechen und Durchfall weiter. Ich konnte kaum etwas essen und verlor weiter an Gewicht. Um den Durchfall zu stoppen, kaufte mein Mann Kohletabletten und wegen der Austrocknung auch Elektrolyte.

Ich wollte wieder in die Klinik und rief auf der Station an. Am Telefon teilte ich dem Arzt mit, wie schlecht es mir ging. Er lehnte eine erneute Aufnahme ab und wollte, dass ich die Suchtberatung aufsuche. Er ging davon aus, dass ich noch Beruhigungsmittel nahm, was aber schon seit mehreren Monaten nicht mehr der Fall war. Ich versuchte alles, um wieder in die Klinik zu dürfen, aber der Arzt blieb hart.

Die nächsten Tage waren fürchterlich, ich konnte keine Stunde mehr schlafen und fühlte mich wie ein Wrack.

Meist blieb ich nur im Bett liegen, weil ich gerade noch 47 Kilogramm wog und kraftlos war. Mein Mann kaufte für mich Haferflocken, die ich essen konnte. Alles andere wäre zu der Zeit nicht dringeblieben. Weil mir kein Nachthemd mehr passte, fuhr mein Mann in die Stadt, um ein neues zu kaufen. Als er wiederkam, war er sehr erschrocken, wie schlecht es mir ging. Aber wir wussten damals nicht, wo wir Hilfe bekommen könnten. Wir waren einfach überfordert damit, dass ich von der Klinik abgelehnt wurde.

Am nächsten Tag nahm ich alle Kraft zusammen und verließ die Wohnung, um ein bisschen frische Luft zu atmen. Ich ging ziellos durch unsere Wohngegend. Plötzlich hörte ich eine Stimme in meinem Kopf. Es war eine Frauenstimme und sie schrie: »Renate!« Und wieder ganz laut: »Renate!« Ich war starr vor Schreck, setzte mich auf eine

Bank und traute mich kaum zu atmen. Was war das und wie konnte das sein? Ich erinnerte mich an eine Zimmernachbarin in der Klinik, die Renate hieß. Aber ich konnte mir nicht erklären, warum ich diese Stimme hörte.

Vollkommen verängstigt ging ich nach Hause. Ich redete mit niemandem darüber. Anscheinend konnte ich damals nicht begreifen, dass mein Zustand sehr ernst war. Ich steckte schon zu tief drin, um zu sagen, dass ich sofort Hilfe brauche.

Im Laufe des Tages entwickelte ich Wahnvorstellungen. Ich bildete mir ein, an Darmkrebs erkrankt zu sein, und rief meine Eltern an. Sie waren sehr besorgt und versuchten, mir das auszureden. Es war vergeblich, ich war davon überzeugt, Darmkrebs zu haben. Auch erzählte ich meiner Mutter, dass meine Zähne schwarz seien. Mein Mann rannte bestimmt zwanzigmal mit mir ins Bad und zeigte mir im Spiegel, dass alle meine Zähne weiß sind und gut aussehen. Ich glaubte ihm aber kein Wort. Dann erzählte ich meinem Mann, dass wir verarmt seien und bald ins Gefängnis kommen würden. Er war sehr besorgt und meinte: »Morgen fahre ich dich ins Krankenhaus, sie müssen dich aufnehmen.«

Ich weiß nicht mehr, wie ich es ins Auto geschafft hatte, aber wir saßen wieder in der Notaufnahme. Dort erzählte ich sofort, dass ich an Darmkrebs erkrankt sei und schon zwölf Kilo in kurzer Zeit verloren hätte.

Nach langem Warten kam ein Gastroenterologe. Dieser schaute mich merkwürdig an und tastete meinen Bauch ab. Er sagte barsch: »Darmkrebs sieht anders aus, Sie haben keinen Darmkrebs.« Ich sollte aber mal zur Darmspiege-

lung gehen, meinte er, außerdem sei ich vollkommen aus-
getrocknet.

Ich bekam eine Infusion und lag viele Stunden in einem
Zimmer in der Notaufnahme. Mein Mann fragte, ob nicht
der behandelnde Stationsarzt kommen könne. Irgendwann
erschien er dann auch und ich rief: »Herr Doktor, schön, dass
Sie kommen!« Er gab mir nicht mal die Hand, schrieb nur
etwas auf einen Zettel. Ich erzählte ihm, dass ich Darmkrebs
hätte. Auch von der Stimme in meinem Kopf berichtete ich
ihm, aber er würdigte mich nicht eines Blickes. »Gehen Sie
in die Suchtberatung«, sagte er kalt. Ich flehte ihn an, mir zu
helfen. Er drehte sich um und ging weg.

Dann kam eine Schwester und sagte, ich solle jetzt sofort
gehen, eine Aufnahme wurde strikt abgelehnt. Mein armer
Mann verstand auch nichts mehr und hakte mich unter.

Im Auto konnten wir uns nicht unterhalten, so fertig waren wir beide. Sieben Stunden waren wir dort, nur für eine
Infusion. Mein Mann hatte Angst um mich und wusste
keinen Rat. Er ging davon aus, dass sie mich auch in einer
anderen Klink ablehnen würden.

So lag ich wieder zu Hause im Bett und meine Wahnvorstellungen und Halluzinationen wurden immer schlimmer.
Ich sah Haare auf meiner Brust und an den Füßen wachsen.
Mich konnte zu dieser Zeit niemand vom Gegenteil über-
zeugen.

Ich schlief fast gar nicht mehr, war stark abgemagert und
kreideblass. Ständig rief ich meine lieben Eltern an und
erzählte ihnen, was für schlimme Sachen auf uns zukommen würden. Sogar nachts, wenn mein Mann schlief, rief
ich sie an.

Eines Nachts ging ich ins Bad und schaute mich lange im Spiegel an. Ich sah ein vollkommen verzerrtes, fremdes Gesicht. Sollte ich das sein? Ich fing plötzlich an zu lachen. Aber das hatte nichts mit einem normalen Lachen zu tun. Ich war sehr krank, konnte das aber zu diesem Zeitpunkt nicht wissen. Meine Halluzinationen und Wahnvorstellungen waren Symptome einer akuten Psychose. Die Ärzte hatten aber nie von einer Psychose gesprochen, deshalb wussten wir auch nicht, dass ich daran erkrankt war. Mein Umfeld war mit dieser Situation völlig überfordert, ich hätte professionelle Hilfe benötigt.

Am 17.06.2004 rief mich meine Mutter an und sagte, dass sie die Feuerwehr zu mir schicken möchte. Ich schrie sie an, wenn sie das mache, dann sei sie nicht mehr meine Mutter. Sie hatte große Angst um mich, nur war ich zu diesem Zeitpunkt außerstande, das zu begreifen.

Wäre damals die Feuerwehr gekommen, vermutlich hätte man mich in die Psychiatrie eingewiesen und mir wären Qualen und Schmerzen erspart geblieben. Auch hätte meine Familie nicht so viel mitleiden müssen.

Aber es kam ganz anders.

In der Nacht vom 17.06. auf den 18.06.2004 saß ich um Mitternacht vor dem Fernseher. Ich verstand aber nicht mehr, was dort gerade gezeigt wurde. Ich drehte mich zur Seite und schaute zum Tisch, der in der Mitte des Wohnzimmers stand. Plötzlich sah ich kleine Figuren, die an einer Leiter hochkrabbelten. Dann winkten mir diese Figuren mit beiden Händen zu. Ich schaute sie an und winkte zurück.

Dann stand ich auf und ging zum Tisch. Aus der Nähe

sah ich dann aber nichts. Ich setzte mich auf die Couch und wieder waren diese Figuren zu sehen. Das ging so lange, bis ich das Licht ausmachte.

Im Badezimmer schaute ich in den Spiegel und sah ein Gesicht mit blutunterlaufenen Augen, ganz schrecklich war das. Ich setzte mich auf den Badewannenrand und bildete mir ein, dass ich bestimmt von der Polizei gesucht werde. Ich dachte: Wenn sie mich hier abholen, dann werde ich verurteilt und komme in ein Arbeitslager. Ich fühlte mich schrecklich bedroht und hatte Angst davor, in ein Arbeitslager zu kommen. Niemand hätte mir das in meinem Zustand ausreden können.

Ich ging zitternd ins Schlafzimmer und legte mich ohne Bettdecke und ohne Kopfkissen hin. Es muss schon drei Uhr morgens gewesen sein.

Ich weiß nicht mehr, ob ich damals kurz eingeschlafen war. Jedenfalls glaubte ich um sechs Uhr morgens, dass die Polizei auf dem Weg zu mir sei. Die quälenden Ängste wurden immer schlimmer und ich bekam kaum noch Luft. Dass ich meinen Mann nicht weckte, muss mit meinen Wahnvorstellungen zu tun gehabt haben. Ich fasste den Entschluss, dass ich aus der Wohnung verschwinden muss.

Ich schrieb mit zitternden Händen einen kleinen Zettel an meinen Mann: »Ich kann nicht mehr weiterleben, ich habe Darmkrebs und die Ängste bringen mich um.« Diesen Zettel legte ich auf einen Stuhl in der Küche. Die Tür zum Schlafzimmer machte ich zu, warum, kann ich mir nicht erklären.

Hastig, vollkommen verwirrt zog ich mich an und schloss die Wohnungstür auf. Ich nahm keinen Schlüssel mit, mein

Unterbewusstsein wird mir gesagt haben, dass ich für lange Zeit nicht zurückkommen werde.

Jetzt, wo ich darüber schreibe, laufen mir noch immer Kälteschauer über den Rücken. Ich sollte fünf Monate lang nicht mehr nach Hause kommen.

Ich rannte die Treppen hinunter und lief schnell, wie in Trance. »Bloß weg von Zuhause, damit die mich nicht verhaften können«, fuhr es mir durch den Kopf.

Ich rannte auf die Straße und einfach zwischen den fahrenden Autos hindurch. Keiner stoppte mich, das allein war schon lebensgefährlich. Ich zitterte und meine Beine liefen fast von selbst in Richtung eines Kanals. Dort blieb ich kurz stehen und schaute hoch zur Brücke, die den Kanal überquerte. Wenn ich da oben stehe, werden die Verfolger mich nicht kriegen, dachte ich. Ich hörte Stimmen in meinem Kopf und wurde von ihnen gesteuert.

Hastig rannte ich die Brücke hoch und blieb am Geländer stehen. Ich rief um Hilfe, aber es war niemand da. Dann kletterte ich über das Geländer und blickte aufs Wasser. Es waren Fährschiffe zu sehen, aber keine Menschen. Wäre jemand dagewesen, der mir in diesem Moment etwas zugerufen hätte, vielleicht wäre ich nicht gesprungen. Ich schaute hinunter aufs Wasser und weinte. Dann sprang ich aus neun Meter Höhe.

Bei meinem Sprung hatte ich die Augen weit offen. Ich tauchte unter Wasser, kam auf dem Sandboden auf und sah die großen Schiffsschrauben einer Fähre. Wie eine Rakete schoss ich wieder an die Oberfläche.

Ich schwamm mit Mantel und Schuhen ans Ufer. Mit sagenhaften Kräften gelang es mir, mich aus dem Wasser zu ziehen. Es war eine sehr hohe Uferkante. Ich ließ mich, so nass wie ich war, auf dem Boden nieder und weinte und weinte. Niemand konnte mir zu diesem Zeitpunkt helfen.

Nun hörte ich auch wieder diese Stimme, die mir sagte, dass ich bald gefangen genommen werde. Ich rappelte mich auf und kletterte mit letzter Kraft über einen Bauzaun.

Jetzt stand ich auf der anderen Seite der Brücke, von der man auf die Autobahn sehen konnte. Autos und LKWs fuhren schnell vorbei. Ich schrie wieder um Hilfe und rief: »Mama, Mama, helf mir!«

Ich rannte immer und immer wieder die Brücke auf und ab. Es war niemand da, der mich davon abhalten konnte. Irgendwann kletterte ich über das dicke Geländer und schaute hinunter. Ich befand mich in neun Meter Höhe und unten war die Autobahn.

Dann ließ ich das Geländer los und fiel ungebremst in die Tiefe. Wieder hatte ich die Augen offen und sah in der Sekunde des Aufpralls, dass mir die Zähne aus dem Mund flogen. In der nächsten Sekunde verspürte ich gar keinen Schmerz und dachte nur: So kann ich nicht liegen bleiben. Aber ich konnte mich nicht mehr bewegen.

Ich hob meinen rechten Arm und hörte einen Mann rufen. Was ich denn nur getan habe, brüllte er. Ich kann mich noch daran erinnern, dass ich hochgehoben wurde, und dabei schrie ich vor Schmerzen. Es wurde dunkel um mich herum, ich fiel ins Koma.

Vier Tage lag ich im Koma, am Ende des vierten Tages wachte ich wieder auf. Ich sah das Gesicht meines Mannes und das meines Bruders. Fragen schossen mir durch den Kopf. Was war passiert? Wo bin ich?

Ich verspürte einen starken Druck auf meiner Blase und

wollte sagen, dass ich zur Toilette muss. Aber ich konnte nicht sprechen. Ich zeigte immer wieder auf meinen Bauch, bis ich hörte, dass ich einen Blasenkatheter habe und im Bett alles verrichten kann. Ich wollte fragen, wo ich bin. Aber es kam kein Ton heraus.

Mein Bruder erklärte mir, dass ich einen sehr schweren Unfall hatte und auf der Neurochirurgie bin. Er sagte mir, er sei so froh, dass ich lebe und dass alles wieder gut werde. Mein Mann streichelte meinen Kopf und erklärte mir, wie schwer ich verletzt sei und dass ich viel Geduld haben müsse. Er würde jeden Tag zu mir kommen und mich unterstützen.

Ich zeigte auf meinen Mund, es tat so fürchterlich weh. Er war verdrahtet, damit die Zähne, die nicht rausgefallen waren, Halt hatten. Ich schaute an meinem Körper hinunter und sah meine Beine, die so dick waren wie Wassereimer. Überall war ich verkabelt und mein rechter Arm war verbunden. Ich fühlte mich benommen und verstand auch nicht sehr viel.

Als mein Mann und mein Bruder gegangen waren, kam ein Arzt. Er erklärte mir, dass ich schwere Hirnblutungen hatte, ein Schädelhirntrauma dritten Grades und sehr viele Brüche. Meine Beine waren gebrochen, mein rechter Arm war gebrochen, außerdem hatte ich einen Oberkiefer- und Unterkieferbruch. Dass ich nicht sprechen konnte, hing mit einem Luftröhrenschnitt zusammen. Mein Kopf war durch die Hämatome und die Hirnblutungen so geschwollen, dass nicht zu sehen war, ob ich mir meine Zunge abgebissen hatte. Der Luftröhrenschnitt rettete mein Leben, sonst wäre ich erstickt.

Auch dem Autofahrer, der angehalten hatte und sofort

die Feuerwehr rief, verdanke ich mein Leben. Hätte ich 30 Minuten auf der Autobahn gelegen, ohne Hilfe, wäre ich im Alter von 39 Jahren erstickt.

Nachdem der Arzt gegangen war, bekam ich über einen Tropf Schmerzmittel. Ich hatte fürchterliche Schmerzen am ganzen Körper und starken Durst. Aber auch die Flüssigkeit wurde nur über den Tropf zugeführt. Nach den Schmerzmitteln konnte ich nicht wach bleiben und schlief ein.

Als ich meine Augen wieder öffnete, war es noch dunkel. Ich sah eine Schwester im Zimmer, die aber wortlos wieder hinausging. Als mein Mann kam, küsste er mich liebevoll und fragte mich, ob ich einen Zettel haben möchte, um etwas aufzuschreiben. Ich nickte mit dem Kopf. Er ging kurz hinaus und kam mit einem Blatt Papier und einem Stift zurück. Ich wurde im Bett vorsichtig aufgerichtet und schrieb dann: »Wo ist meine schwarze Tasche?« Mein Mann wusste nicht, was ich meinte. Die Schwester kam ins Zimmer und sagte: »Sie haben hier keine schwarze Tasche, Sie haben hier gar nichts. Sie sind auf der Neurochirurgie.« Ich war aber der Meinung, dass ich eine schwarze Tasche dabeihatte.

Nach und nach wurde mir bewusst, dass ich ein Nahtoderlebnis hatte, während ich im Koma lag. Ich befand mich in einem weißen Zelt mit goldenen Kissen. Meine Schwester, mein Bruder und mein Mann saßen auf dieser schwarzen Tasche und ich winkte sie zu mir ins Zelt. Aber sie kamen nicht zu mir. Es war so warm und weich in diesem Zelt. Ich hatte dort keine Schmerzen.

Bis heute denke ich an dieses Erlebnis. War es der Übergang vom Leben zum Tod? Mein Körper kämpfte und hat gesiegt, ich habe, wenn auch ganz knapp, überlebt.

Ich schrieb auf den Zettel, ich würde gerne einen Spiegel haben, aber mein Mann riet mir davon ab. Mein Kopf sei durch die Hämatome dunkel gefärbt und ich solle nicht in den Spiegel schauen. Sicher war es richtig so.

Während mein Mann bei mir war, kam ein Chirurg ins Zimmer und erklärte mir, dass er am nächsten Tag mein linkes Bein operieren wird. Einige Tage später würde er auch meinen rechten Arm operieren, den ich nicht mehr gerade ausstrecken konnte. Nach der Operation würde es aber wieder zu 80 % möglich sein.

In den Tagen, in denen ich im Koma lag, waren mein Ober- und Unterkiefer operiert und meine Zähne verdrahtet worden. Dadurch habe ich nur einige Zähne verloren. Ich hatte immer so viel Wert auf meine Zähne gelegt.

Nun liefen mir Tränen über meine Wangen. Ich begriff erst langsam, dass ich fast in den Tod gesprungen wäre.

Mein Mann gab den Tabletten die Schuld, die ich nicht vertragen hatte, und dem Arzt, der mich in der Notaufnahme ablehnte. Zwischen der Notaufnahme und meinem Unfall lagen nur drei Tage. In der Notaufnahme hätten sie einen Psychiater holen müssen, der hätte meine Psychose erkannt. Dann wäre ich mit einem Antipsychotikum behandelt worden, und viel Leid und Schmerzen wären mir erspart geblieben.

Nun lag ich in der Neurochirurgie und musste alles über mich ergehen lassen. Die Schwestern waren nicht besonders nett zu mir und gaben mir die Schuld an dem, was passiert war. Ich konnte noch nicht sprechen und mich nicht verteidigen. Ich war ihnen regelrecht ausgeliefert. Sie wuschen mir nicht die Haare und meinen Körper wuschen sie nur, wenn ich in den Operationssaal gefahren wurde.

Es war einfach furchtbar, das zu ertragen. Eine Stunde am Tag hatte ich Besuch und die restlichen 23 Stunden litt ich still vor mich hin.

Wenn mein Bettlaken gewechselt werden musste, dann schrie ich vor Schmerzen. Vollkommen teilnahmslos bekam ich dann eine Infusion Schmerzmittel.

An einem Morgen wurde ich dann endlich gewaschen und ich wusste, dass ich jetzt operiert werde. Mein Bein war nicht besser geworden. Ich wurde in den OP gefahren und bekam sofort die Narkose.

Als ich wieder zu mir kam, hatte ich fürchterliche Schmerzen, es war kaum zu ertragen. Zurück in meinem Zimmer kam der Neurochirurg und sagte, dass die Operation gut verlaufen sei und ich gleich ein Schmerzmittel bekäme. Sie hätten mir Implantate eingesetzt. Nun müsse es verheilen und nach 14 Tagen könnten die Fäden gezogen werden. Wenn keine Komplikationen aufträten, dann würde er in drei Tagen meinen rechten Arm operieren.

Ich kann gar nicht in Worten ausdrücken, wie verzweifelt ich mich fühlte. Ich war ein Wrack, konnte nichts essen und trinken und es vor Schmerzen kaum noch aushalten.

Irgendwann schlief ich dann ein und als ich aufwachte, war mein Mann da. Er erzählte mir, dass er einen Anwalt beauftragen möchte, sich mit meiner Sache zu beschäftigen. Ich konnte ihm nicht folgen und winkte nur ab. Immer wieder schlief ich kurz ein.

Mehrere Tage bekam ich nur durch den Tropf Flüssigkeit und Traubenzucker. Ich hatte gar keinen Hunger, aber Durst hatte ich, trotz Infusion, ständig.

Irgendwann kam dann eine Schwester und legte mir einen Eisbeutel auf mein geschwollenes Bein. Ich wollte etwas sagen, aber ich konnte noch nicht sprechen. Am nächsten Tag sollte mein Luftröhrenschnitt vernäht werden, aber es wurde dann noch verschoben.

Dann kam der Tag der nächsten OP. Diesmal war mein Arm dran, denn die Wunde eiterte schon. Wieder wurde ich gewaschen und in den OP geschoben. Das Prozedere war ähnlich wie bei der Beinoperation. Nur hatte ich diesmal nicht mehr solche Schmerzen, als ich aus der Narkose erwachte.

Einige Tage später kam eine Psychiaterin an mein Bett und fragte mich, welches Jahr wir haben und welche Jahreszeit. Da ich nicht sprechen konnte, gab sie mir drei Antworten vor und ich sollte dann mit dem Kopf nicken. Natürlich hatten wir Sommer und es war das Jahr 2004. Das war der ganze Test gewesen, wofür auch immer.

Am nächsten Tag wurde mein Luftröhrenschnitt zugenäht und ich musste lernen, wieder durch den Mund zu atmen und Wörter zu bilden. Es dauerte mehrere Tage, bis ich ganz leise wieder sprechen konnte. Ich freute mich so sehr darüber.

Dann kam aber der nächste Tiefschlag. Eine mir unbekannte Ärztin kam in mein Zimmer und sagte barsch: »Sie werden morgen früh in die geschlossene Psychiatrie verlegt. Wir brauchen jetzt das Bett für einen anderen Patienten.« Ich erwiderte, dass ich das auf keinen Fall möchte, aber es war zwecklos. So schnell, wie sie gekommen war, war sie wieder raus aus dem Zimmer.

Mein Mann wollte mich am Nachmittag besuchen, dann würde ich aber schon verlegt sein. Ich hatte große Angst und zitterte am ganzen Körper. Fragen schossen durch meinen Kopf: Was machen die mit mir? Geht das auch gegen meinen Willen?

Zwei Männer vom Krankentransport kamen in mein Zimmer, und ehe ich etwas sagen konnte, wurde ich auf eine Liege gelegt mitsamt meinen Krankenakten. Ein Krankentransport wartete bereits. Ich wurde in das Auto geschoben und los ging die Fahrt.

Ich war in einer miserablen Lage, hatte nur ein Hemdchen an und sonst nur meine Waschtasche dabei. Ich konnte das alles nicht begreifen. Bis dahin hatte ich gedacht, bald nach Hause zu dürfen.

Die Fahrer klingelten an einer Glastür und es wurde schnell geöffnet. Eine Schwester mit einem Dutt kam und zeigte den Männern, wo sie mich hinfahren sollten. Der Gang war sehr lang und die anderen Patienten standen an den Türen und musterten mich. Es war eine sehr schreckliche Situation, ich kam mir ausgeliefert vor.

Ganz hinten, das letzte Zimmer war dann meines. Es war ein Dreibettzimmer. Ich wurde auf das Bett gelegt und schon kam eine andere Schwester zu mir, die einen sehr forschen Tonfall hatte. Sie sagte, es käme gleich ein Arzt und ich solle Ruhe bewahren. Eine Klingel gäbe es nicht, ich müsste mit einem Löffel auf den Nachttisch klopfen, damit man mich hört.

Ich wusste, dass ich Hilfe brauchen würde, weil ich nicht aufstehen konnte, um zur Toilette zu gehen. In was für eine Situation war ich nun geraten? Schlimmer ging es wirklich nicht mehr.

Nach längerer Zeit kam dann ein Arzt. Ihm erklärte ich, was und warum mir das alles passiert war. Er war nett und meinte, es sei wirklich dramatisch, was mir widerfahren sei. Damit ich mich nicht durchliege, würde ich eine Luftmatratze bekommen.

Kurz nach diesem Gespräch, das mich sehr anstrengte, kamen meine beiden Zimmernachbarinnen herein. Sie sagten nur »Hallo« zu mir und legten sich auf ihre Betten. Ich lag regungslos da und fragte mich, wie das alles weitergehen soll.

Wir fingen an, uns zu unterhalten, und dabei erfuhr ich, dass beide aus Berlin kommen und an Depressionen erkrankt sind. Dann fragte mich eine der beiden, was mir denn passiert sei. Ich antwortete nur knapp, dass ich an einer Psychose erkrankt sei und außerdem seit längerer Zeit unter Depressionen leide. Ich fragte, ob sie der Schwester Bescheid sagen könnte, dass ich auf die Toilette muss. Das tat sie auch. Die Schwester kam mit einem sogenannten Schieber, auf dem ich, im Bett liegend, meine Notdurft verrichten sollte. Mir war das so peinlich und ich stellte mich auch sehr umständlich an. Es half aber alles nichts, ich musste auf diesen Schieber.

Dann fragte ich, ob es beim nächsten Mal möglich wäre, mich im Rollstuhl zur Toilette zu bringen. Dies verneinte die Schwester, ich solle erst mal stabiler werden.

So lag ich nun da und starrte an die Decke. Ich hörte, dass sich zwei Frauen auf dem Flur lauthals stritten, und es wurden Türen zugeknallt. Ich dachte immer wieder: Wenn mir das bloß erspart geblieben wäre.

Dann gingen meine Zimmernachbarinnen gemeinsam zum Abendbrot und ich bekam eine Brühe mit einem Strohhalm. Ich versuchte, ihn zwischen meinen verdrahteten Zähnen zu halten und daran zu ziehen. Erst mal passierte gar nichts, ich hatte überhaupt keine Kraft. Ich versuchte es immer wieder und so konnte ich ein bisschen Brühe zu mir nehmen. Dann bekam ich noch Tee, den ich auch mit dem Strohhalm trank.

Danach kam eine Schwester mit Franzbranntwein, um mich einzureiben. Sie klopfte sehr stark auf meinen ausgezerrten Rücken und es tat mir weh. Der Kommandoton in ihrer Stimme war mir überhaupt nicht sympathisch. Aber danach ging es nicht.

Eine meiner Zimmernachbarinnen hieß Birgit. Sie erzählte mir, dass diese Station früher eine Männerstation war und die Schwester mit dem Kommandoton schon seit 35 Jahren in der Psychiatrie arbeitet. Sie sei dafür bekannt, sehr streng und barsch zu sein. Na, dann kann ich mich auf was gefasst machen, dachte ich mir.

Ich war so müde und wollte nur schlafen, aber meine Medikamente bekam ich erst um 22 Uhr. Danach schlief ich schnell ein, war aber schon nach ein paar Stunden wieder hellwach. Ich lag da und hätte den Schieber gebraucht, aber es gab keine Klingel und die Tür war zu. Die Frauen konnte ich ja nicht wecken. Zum Glück wurde Birgit früh wach und holte für mich die Nachtschwester. Birgit ging aber nur eine Zigarette rauchen und legte sich wieder ins Bett.

Am Morgen wurde mir eine Schüssel Wasser auf die Bettdecke gestellt. Ich sollte mir das Gesicht waschen, was ich nur mit einer Hand machen konnte, weil mein rechter Arm noch verbunden war. Die Körperwäsche übernahm dann eine nette Schwester. Danach wurde mir wieder ziemlich kräftig der Rücken eingerieben.

Dann war Visite und der Arzt von der Aufnahme fragte mich, wie ich geschlafen hatte. Er sagte, dass ich auch eine

Unterstützung für die Nacht bekommen könnte. Meine Luftmatratze würde ich noch an diesem Tag erhalten. Dann schaute er sich meine Beine und meinen Arm an und meinte, der Arm müsse täglich neu verbunden werden.

Ich sagte ihm, dass ich bitte einen Spiegel haben wolle, denn ich hatte bis dahin mein Gesicht noch nicht gesehen. Der Arzt holte einen Spiegel und als ich hineinschaute, war ich entsetzt über das, was ich sah. Mein Gesicht war schwarz, noch immer voller Blutergüsse und mein verdrahteter Mund sah fürchterlich aus. Meine Güte, dachte ich, als ich den Spiegel auf meine Beine legte.

Ich hatte mir schon gedacht, dass ich schlimm aussehe, doch so schlimm hätte ich nicht vermutet. Aber wie sieht man wohl aus, wenn man neun Meter in die Tiefe stürzt und auf Beton aufschlägt? Ich konnte froh sein, dass ich nicht gelähmt war – und dass ich überhaupt noch am Leben war.

Seit dem Sturz waren nun drei Wochen vergangen. Wie musste ich ausgesehen haben, als meine Familie und mein Mann mich am ersten Tag besucht hatten?

Mir war schlecht und ich bat schnell darum, mir eine Schale zu bringen. Ich übergab mich und fing stark zu zittern an. Mein Kopf tat sehr weh und ich legte mich auf mein Kissen.

Die Schwester brachte mir eine Brühe und Tee, aber ich wollte erst mal nichts zu mir nehmen. Ich lag einfach nur da und hatte keinerlei Ablenkung, es gab keinen Fernseher im Zimmer und kein Radio. Zum Lesen fehlte mir die Konzentration.

Dafür kam am nächsten Morgen eine Physiotherapeutin zu mir und brachte mir ein Trainingsgerät. Damit sollte ich im Bett treten, damit meine Beinmuskeln wieder trainiert werden. Eine Massage bekam ich auch von ihr, und das tat sehr gut. Sie meinte: »In zwei Wochen bringe ich Sie in den Sportraum und wir werden mit den Beinen üben und versuchen, den Arm langsam zu strecken.« Das machte mir Mut. Zum Schluss brachte sie noch einen Rollstuhl für mich. Zu zweit setzten sie mich in den Rollstuhl und fuhren mit mir den Flur entlang. Wenn ich in den Armen nur etwas Kraft gehabt hätte, dann wäre ich sicher alleine auf und ab gefahren.

Es gab auf der geschlossenen Station Patienten, die sehr aggressiv waren. Oft flogen Gegenstände durch die Luft und sogar die Glasscheibe an der Eingangstür wurde zertrümmert. Der Patient, der das getan hatte, musste dann einen Verband tragen, weil er sich das Handgelenk aufgeschnitten hatte und stark blutete.

Es gab einen Patienten, der mir große Angst machte. Er fegte den ganzen Tag den langen Flur mit einem Besen und kam sehr nah an mich ran, als ich mit dem Rollstuhl an ihm vorbeifuhr. Ich versuchte, nicht zu zeigen, dass ich ängstlich war.

An einem Abend saß ich auf meinem Bett und trank meine Brühe. Plötzlich stand dieser große Mann direkt vor mir und schaute mich genau an. Ich rief nach der Schwester und sie kam sofort. Sie schickte den Patienten aus meinem Zimmer. Ich sagte ihr, dass ich große Angst vor diesem Mann habe. Die Schwester antwortete, er würde mir nichts tun und ich bräuchte keine Angst haben. Das beruhigte mich dann doch ein wenig.

Die darauffolgende Nacht war sehr kurz für mich, weil ich immer wieder Schreie und Beschimpfungen hörte.

Im Flur stritten sich mehrere Patienten und warfen mit Aschenbechern. Die Nachtschwester kam zu mir und sagte, dass sie Verstärkung anfordere, weil sie nur zwei Schwestern in der Nachtschicht seien. Gegen zwei Uhr morgens wurde es dann still und ich schlief ein.

Am nächsten Tag sollte mir der Draht aus meinem Mund entfernt werden. Dazu musste ich mit dem Krankenwagen zur Klinik für Mund-, Kiefer- und Gesichtschirurgie gefahren werden. Ich kannte diese Klinik bereits. Eine Schwester kam mir entgegen und sagte, sie sei froh, dass ich jetzt nur im Rollstuhl sitze. Bei meiner Einlieferung am 18.06. hätte sie nicht geglaubt, dass ich das alles überleben werde. Ich bedankte mich bei ihr und sie fuhr mich in den Behandlungsraum.

Die Tür ging auf und ein junger Arzt kam herein. Es ging alles sehr schnell, ohne Betäubung schnitt er mir die Drähte aus dem Mund und verschwand gleich wieder.

Ich hatte das Gefühl, dass in dieser Klinik alle gegen mich waren. Sie gaben mir allein die Schuld an meinem Schicksal. Ich und mein Mann hatten immer wieder erklärt, warum das passiert war, aber niemand hörte zu. Es interessierte sie einfach nicht. Ich war selbst von der Brücke gesprungen und war somit für sie kein Opfer, sondern Täter, denn es hätten ja auch Unbeteiligte zu Schaden kommen können. Aber ich habe niemanden gefährdet, weil sich dort, wo ich gesprungen bin, nur eine alte, stillgelegte Bushaltestelle befand. Ich weiß nicht, warum mein Gehirn mir signalisierte, dass ich an dieser Stelle springen soll. Vielleicht wollte ich doch gefunden werden? Aber eigentlich konnte ich während der Psychose nicht normal denken.

Mein Verstand funktionierte nicht mehr und ich konnte zu der Zeit nichts dagegen tun.

Nur eins verwundert mich: Als ich aus dem Koma erwachte, war die Psychose nicht mehr da. Durch die schweren Kopfverletzungen war in meinem Gehirn scheinbar alles verändert.

Nach der Entfernung der Drähte spürte ich eine große Erleichterung, denn die Drähte hatten sich die ganze Zeit in mein Zahnfleisch gebohrt, was sehr schmerzhaft war.

Ein Krankenwagen brachte mich wieder zurück in die psychiatrische Klinik. Dort wartete auch schon mein Mann auf mich. Er freute sich mit mir, dass ich jetzt wenigstens im Mund keine Schmerzen mehr hatte.

Mein Mann holte den Rollstuhl und wir fuhren auf dem Klinikgelände ein bisschen hin und her. Die Sonne schien mir ins Gesicht, ich schloss meine Augen und genoss die Sonnenstrahlen. Zum Abendbrot um 18 Uhr sollten wir wieder auf der Station sein. Pünktlich fuhren wir zurück und im Zimmer warteten meine Schwester und mein Schwager auf mich. Sie hatten mir ein leckeres Eis mitgebracht, das ich mit Birgit teilte.

So vergingen die Tage und nun war es Zeit, dass die Fäden an beiden Beinen und am Arm gezogen wurden. Dazu kamen zwei Ärzte, die das auch wieder ohne Betäubung machten. Aber es tat nicht weh, obwohl die Wunde mit sehr vielen Stichen vernäht war. Ich hatte leider eine sehr große Narbe am linken Bein, ungefähr 25 Zentimeter lang und einen Zentimeter breit. Das sah nicht schön aus, aber mir machte es nichts aus. Wichtig war für mich, wieder laufen zu lernen. Auch den Arm wollte ich wieder ausstrecken können.

Am nächsten Tag war es dann so weit, ich wurde von der Therapeutin in den Keller gefahren. Dort befand sich der Sportraum. Ich sollte versuchen, mich an der Sprossenwand hochzuziehen und dann stehen zu bleiben. Ich probierte es und fiel sofort zurück in den Rollstuhl, dabei hatte ich einen kalten Schweißausbruch. Wir übten es dann immer wieder, bis ich stehen blieb. Ich freute mich darüber wie ein kleines Mädchen. Endlich, nach so vielen Wochen wieder stehen zu können, war wunderbar.

Am nächsten Morgen brachte mir die Therapeutin zwei Gehstöcke, die ich unter meinen Achseln positionieren musste. Da ich den Arm noch nicht gerade ausstrecken konnte, mussten es diese Gehhilfen sein. Sie sahen aus, als wären sie 50 Jahre alt, aber ich konnte damit meine ersten Schritte gehen. Nun hatte ich den Ehrgeiz, damit viel zu laufen, ich wollte es bis zum Speisesaal schaffen.

Jeden Tag ging das Laufen etwas besser und ich aß jetzt mit den anderen zusammen. Dadurch hatte ich viel mehr Kontakt zu den Mitpatienten.

Dann folgten die Übungen für meinen Arm. Vorsichtig versuchte die Therapeutin, ihn zu strecken. Es tat sehr weh und sie wiederholte es einige Male. Nach und nach konnte ich meinen Arm etwas mehr strecken, aber wie schon gesagt, es tat furchtbar weh.

So vergingen die Tage. Ich war froh, dass ich so viele Therapien hatte und nicht nur auf meiner Luftmatratze liegen musste.

Mein behandelnder Arzt erkundigte sich schon nach einer Rehabilitationsklinik für mich, denn er meinte, dort könnte noch mehr für mich getan werden.

Ich war fast fünf Wochen in dieser Klinik. Am 5. August 2004 wurde ich in eine Reha-Klinik verlegt. Ich konnte schon gut mit dem Rollator laufen und fühlte mich sicher.

In der Rehabilitationsklinik erhielt ich ein Einzelzimmer mit Telefon. Einen Fernseher hätte ich mieten können, aber ich hatte dafür überhaupt kein Interesse und auch keine Konzentration.

Nach der Einweisung nahm ich meinen Rollator und schaute mir die Klinik an. Sehr modern war sie nicht, eher aus den frühen achtziger Jahren, würde ich schätzen. Das Zimmer war sehr karg eingerichtet, ein Bett, ein Tisch, ein Stuhl – fertig. Gut, ich war da, um mich zu stabilisieren, und nicht, um das Zimmer schön zu finden.

Ich hatte am Aufnahmetag auch schon ein Gespräch mit einem Arzt. Er war sehr nett, eine angenehme Person.

Die erste Nacht schlief ich durch bis um sieben Uhr, als die Schwester meine Medikamente und meinen Therapieplan brachte. Außerdem bekam ich eine Thrombosespritze in den Bauch, zur Vorbeugung.

Ich stand dann etwas mühselig auf und machte mich fertig für den Tag. Mit meinem Rollator ging ich in den Frühstücksraum. Es war dort um acht Uhr schon sehr voll, aber ich hatte meinen Platz weit hinten am Fenster.

Ein älteres Paar saß mit mir am Tisch. Ich stellte mich vor und die alte Dame erzählte, dass sie einen Schlaganfall hatte und ihr Mann nun mit ihr ein Zimmer teilt. Die beiden waren über 80 Jahre alt und davon schon 55 Jahre verheiratet. Ich fand sie sehr nett und aufgeschlossen.

Eines Morgens saßen wir zu dritt am Tisch und die alte Dame sagte: »Ich habe meine Zähne im Zimmer vergessen.« Ihr Mann stand auf und meinte, er hole sie schnell. Wir drei mussten herzlich darüber lachen.

Ich hatte in der Rehaklinik viele verschiedene Therapien. Oft schaffte ich es nicht, pünktlich dort zu sein, weil ich so müde war. Dies lag an einem neuen Medikament, welches mich gegen eine erneute Psychose schützen sollte. Der Neurologe erklärte mir, dass die starke Müdigkeit eine Nebenwirkung sei.

In der Reha-Klinik gab es eine neurologische und eine orthopädische Station. Bei mir lag jetzt der Schwerpunkt auf der Orthopädie. Ich sollte wieder laufen lernen.

Ich machte jeden Tag Übungen, um meine Beinmuskulatur wiederherzustellen. Schon nach 14 Tagen merkte ich, dass ich sicherer beim Laufen wurde, aber die Gehhilfen und den Rollator musste ich weiterhin benutzen. Meine Therapeutin übte vor allem mit mir, die Treppen hoch- und runterzusteigen. Oft hatte ich starken Muskelkater in meinen Oberschenkeln.

Ich fühlte mich gut aufgehoben, aber sehr einsam. Ich hatte kaum Kontakt zu anderen Patienten. Viele wurden dort wegen eines Schlaganfalls behandelt, aber wegen Depressionen – da war ich wohl die einzige Patientin.

Es gab eine sehr nette Psychologin, die mir viel Mut machte und immer wieder versuchte, mich aufzubauen. Als sie mich das erste Mal sah, war sie erstaunt. Sie hatte vorher meine Krankenakte gelesen und sagte mir, es sei ein Wunder, dass ich nach einem Schädelhirntrauma dritten Grades und schwersten Verletzungen ganz allein zu ihr ins Zimmer kommen kann. Auch dass ich mich an alles erinnere, fand sie außergewöhnlich. Ich hatte zweimal in der Woche einen Termin bei ihr und sie gab mir Kraft.

Die starke Müdigkeit änderte sich auch nach vier Wochen nicht und oft legte ich mich um 14 Uhr hin und verschlief das Abendessen um 18 Uhr. Ich fühlte mich trotzdem nie ausgeschlafen und war immer müde.

Eines Tages ging ich zum Mittagessen in den Speisesaal. Als ich am Tisch saß, fingen meine Hände plötzlich ganz stark zu zittern an. Ich konnte das Besteck nicht mehr halten. Damit meine Tischnachbarn das nicht merkten, sagte ich, ich hätte heute keinen Appetit, und ließ das Essen stehen. Ich ging schnell auf mein Zimmer und nahm mir etwas zu trinken. Meine Hände zitterten so stark, dass ich nur mit Mühe die Saftflasche halten konnte. Ich fragte mich: Was ist das jetzt wieder? Bekomme ich vielleicht Parkinson? Das war mein erster Gedanke.

Auf meinem Bett sitzend fing ich hemmungslos an zu weinen. Ich vergrub mein Gesicht ins Kissen und konnte nicht aufhören. Was hatte mein Körper jetzt wieder mit mir vor? Ich konnte schon keine Lebensfreude mehr empfinden und jetzt das auch noch.

Am nächsten Morgen zeigte ich meinem Arzt, wie stark meine Hände zitterten. Ich erzählte ihm, dass ich nicht in der Lage war, das Besteck zu halten. Er sagte daraufhin, dass ich mein Essen auch auf dem Zimmer einnehmen könne, wenn es im Speisesaal nicht möglich sei. Eine Erklärung dafür, warum ich so zittere, hatte er allerdings nicht.

Die Schwester brachte mir dann das Mittagessen aufs Zimmer. Ich hatte den Eindruck, dass sie das nur mit Widerwillen tat. Ich konnte doch nichts dafür, es war für mich unmöglich, im Speisesaal zu essen.

Am Nachmittag war mein Mann bei mir. Die Zimmertür

ging auf und eine Schwester brachte mir das Abendbrot. Sie sagte dann: »Wann wollen Sie mal wieder im Speisesaal essen gehen?« Ich antwortete, dass ich nicht aus Bequemlichkeit auf dem Zimmer esse, sondern aus Krankheitsgründen. Sie verließ das Zimmer ohne ein Wort.

Am nächsten Tag hatte ich wieder einen Termin bei meiner netten Psychologin. Mich belastete es sehr, dass ich auf meinem Zimmer essen musste, aber es ging nicht anders. Ich erzählte ihr, dass die Schwester mir nicht gern das Essen bringt, und sie antwortete: »Wenn das ein Problem darstellt, dann bringe ich Ihnen das Essen.« Das fand ich sehr nett von ihr, aber ich sagte, dass ich mich selbst darum kümmere.

Es vergingen mehrere Tage und mit meinen Händen wurde es nicht besser. Das zog mich so tief runter, dass ich kein Interesse hatte, irgendeine Veranstaltung zu besuchen. In der Klinik wurden viele Programme angeboten, an denen ich hätte teilnehmen können. Stattdessen saß ich auf meiner Bettkante und starrte zur Decke. Ich saß einfach nur so da, bis mich meine Eltern oder mein Mann anriefen. Nach den Telefonaten legte ich mich in mein Bett und wartete darauf, dass die Nachtschwester meine Medikamente bringt.

So vergingen die Tage und ich fühlte mich die ganze Zeit einsam. Nur wenn ich Besuch hatte, machte ich mit meinem Rollator einen Spaziergang.

Jetzt war ich schon viele Wochen in der Klinik und mein Aufenthalt wurde sogar noch verlängert. Fleißig übte ich mit meiner Therapeutin das Laufen, aber ohne Gehhilfe fiel es mir schwer.

Nun stand noch ein weiteres Therapieziel an. Da ich seit meinen Kieferbrüchen den Mund nur ein bisschen öffnen konnte, wurden mir Holzstäbchen in den Mund gelegt. So konnte die Therapeutin sehen, wie weit ich meinen Mund öffnen konnte. Diese Übungen waren für mich sehr schmerzhaft. Jeden Tag übte ich damit und ungefähr alle drei Tage kam ein weiteres Holzstäbchen hinzu. Oft zeigte ich mit meiner Hand, dass es zu sehr wehtat. Dann machte die Therapeutin eine Pause, nahm die Stäbchen aus meinem Mund, bis es wieder von vorn begann.

Nach zwei Wochen merkte ich, dass ich meinen Mund schon wieder ein bisschen weiter aufmachen konnte. Aber wie gesagt, die Therapie war mit starken Schmerzen verbunden.

Die Tage wurden langsam kürzer, der Herbst kam und ich war jetzt schon acht Wochen in der Reha-Klinik. Zwölf Wochen sollte ich bleiben. Dem hatte ich auch zugestimmt. Meine Therapien waren sehr intensiv und das Treppensteigen besonders wichtig. Wir wohnten in der fünften Etage – ohne Fahrstuhl. Also hatte ich noch viel vor, wenn ich es nach meiner Entlassung in unsere Wohnung schaffen wollte.

Es gab Tage, da hatte ich keine Kraft, an den Therapien teilzunehmen. Ich schleppte mich nur so in meinem Zimmer hin und her. Ich hatte große Zweifel, ob ich jemals wieder ohne Schmerzen würde gehen können. Oft fragte ich mich: Warum ist mir so ein schlimmer Unfall passiert? Warum konnten die Ärzte das nicht verhindern?

Natürlich hätte ich auch sterben können, wenn die Ärzte mich nicht sofort notoperiert hätten. Ich habe ein zweites Leben geschenkt bekommen, aber das erste Leben hätte mir gereicht. Nun war mein ganzer Körper voller Narben und Implantaten. Die Schmerzen waren oft kaum zu ertragen.

An solchen Tagen verließ ich kaum mein Zimmer und weinte viel. Meine Psychose war verschwunden, aber meine Depressionen waren geblieben. Es gab so viele verschiedene Antidepressiva, dass es sehr schwer war, für mich das passende Medikament zu finden.

Sobald es mir etwas besser ging, nahm ich auch wieder an den Therapien teil. Ich sagte mir immer, dass ich eine Familie und einen Mann habe, die mich über alles lieben. Wenn ich mir das oft genug sagte, ging es etwas besser. Ich musste schließlich die vielen Klinikaufenthalte nicht ganz alleine durchstehen, meine Lieben waren ja meist an meiner Seite.

Meine letzte Woche in der Reha-Klinik brach an. Ich übte vor allem das Treppensteigen, da ich bald fünf Etagen erklimmen sollte. Beim Üben machte ich jetzt keine Fortschritte mehr. Ich überlegte, ob es nicht noch zu früh war, in unsere Dachgeschosswohnung zu gehen. Meine Eltern hatten mir angeboten, erst einmal bei ihnen zu wohnen. Sie hatten ein Einfamilienhaus und ich könnte im Wohnzimmer schlafen. Zudem waren es nur wenige Stufen bis zu meinem ehemaligen Zimmer. Das würde ich schaffen.

Nach reiflicher Überlegung rief ich meine Eltern an und sagte ihnen, dass ich in einer Woche zu ihnen kommen würde. Sie freuten sich beide darauf, mich zu sehen.

Mein Mann fand diese Idee auch gut und meinte, er würde mich am Morgen der Entlassung abholen und zu meinen Eltern fahren. Nach einiger Zeit des Übens würde ich sicher auch bald die Treppen zu unserer Wohnung schaffen.

Der letzte Tag in der Reha war gekommen und mein Mann holte mich schon zeitig ab. Wir fuhren direkt zu meinen Eltern, die mich ganz herzlich begrüßten. Mein geliebter Vater freute sich so sehr, weil wir uns viele Wochen nicht gesehen hatten. Da er selber schwer krank war, konnte er mich nicht besuchen. Nun hatte meine liebe Mutter gleich zwei Patienten im Haus, die ihr nicht viel helfen konnten. Ich sollte vorerst auf der Couch im Wohnzimmer schlafen.

Am ersten Abend konnte ich keinen Schlaf finden. Um Mitternacht ging ich in den Garten und schaute mir den Sternenhimmel an. Es war November und schon kalt. Ich hatte große Angst, dass ich wieder Schlafprobleme entwickeln könnte.

Als ich zurück ins Haus ging, kam mein Vater die Treppe herunter und sagte, er könne auch nicht schlafen. So unterhielten wir uns im Wohnzimmer bis zwei Uhr früh und wollten es dann noch mal versuchen, einzuschlafen.

Als die Wohnzimmertür aufging, war es schon hell. Es war zehn Uhr und ich freute mich, dass ich doch noch geschlafen hatte. Mein Vater sagte, er sei schon seit sechs Uhr wach. Er war wirklich auch schwer krank und tat mir sehr leid. Ich liebe meine Eltern über alles. Sie sind und waren immer für ihre Kinder da.

Dann war es an der Zeit, in unsere Dachgeschosswohnung zurückzukehren. Mühsam erklomm ich die Treppen und zog mich dabei am Geländer hoch. Als ich endlich oben angekommen war, ging mir regelrecht die Luft aus und meine Beine zitterten. Aber ich hatte es geschafft und freute mich mit meinem Mann darüber. Die Treppen wieder hinunterzugehen würde wohl nicht so ein Problem sein.

Als ich in die Wohnung kam, sah ich Blumen und ein Willkommensschild. Mein Mann hatte alles vorbereitet, um mich zu erfreuen. Ich dankte ihm mit einem Kuss und freute mich darüber. Aber alles kam mir fremd vor, ich war einfach zu lange von zu Hause weg.

Die erste Nacht in unserer Wohnung schlief ich sehr unruhig und stand mehrmals auf. Irgendwann schlief ich doch ein und wachte erst gegen zehn Uhr auf. Das Frühstück war schon fertig. Was würde ich nur ohne meinen geliebten Mann machen, dachte ich mir.

Dann fuhren wir zu meinem Psychiater, weil ich nicht mehr viele Medikamente hatte. Er war sehr ergriffen, als er mich erblickte. Fünf Monate vorher sah ich noch ganz anders aus. Ich erzählte ihm, wie sehr ich darunter leide, dass ich mich im Spiegel nicht wiedererkenne und ihn am liebsten gegen die Wand schmeißen würde. Ich hatte mein Leben lang immer schöne Zähne gehabt und nun fehlten mir viele. Mein Selbstwertgefühl war gleich null.

Er bot mir eine Psychotherapie an, aber ich lehnte ab, weil ich über Monate genug Therapien hatte. Ich wollte jetzt erst mal keine neue Therapie, ich fühlte mich schon austherapiert. Er verstand das und gab mir ein Rezept und einen Termin vier Wochen später.

Nach ein paar Tagen in unserer Wohnung merkte ich, dass ich es wieder nicht schaffe, hinauszugehen. Ich hatte riesige Komplexe und fürchtete mich davor, dass mich ein Nachbar sehen und ansprechen könnte. Einmal fuhren wir in einen Park, aber das Treppensteigen war noch sehr mühsam. Ich bat meinen Mann, mich wieder zu meinen Eltern zu bringen, denn dort konnte ich mich im Garten bewegen. Auch gab es in ihrem Haus nicht so viele Treppen. Mein

Mann war einverstanden und wollte nur, dass es mir gut geht.

Meine Eltern begrüßten uns sehr herzlich und ich war so froh, wieder dort zu sein. Mein altes Kinderzimmer, das noch wie früher aussah, gab mir viel Geborgenheit.

Dann kam das Weihnachtsfest 2004 und wir verbrachten es nur zu viert. Meine Mutti gab sich sehr viel Mühe, alles schön auszuschmücken. Ein bisschen half ich ihr dabei.

An Silvester war mein Mann zu einer Party eingeladen. Ich sagte, er könne ruhig gehen, das sei kein Problem für mich. Ich hätte sowieso nicht mitgekonnt, weil ich noch keine neuen Zähne hatte. So war ich nur mit meinen Eltern zusammen und wir gingen schon vor Mitternacht ins Bett. Als die Raketen knallten, stand ich auf und schaute mir das Feuerwerk vom Fenster aus an.

Am nächsten Morgen kam mein Mann schon um zehn zu uns, obwohl er bis vier Uhr früh gefeiert hatte. Die Party hatte bei der Schwester meines Schwagers stattgefunden. Meine Schwester und mein Bruder waren auch dort. So konnte mein Mann mal für ein paar Stunden etwas anderes hören als meine Probleme.

Ich blieb den ganzen Januar über bei meinen Eltern und mein Mann kam immer am Wochenende zu uns. Aber wir telefonierten jeden Tag zweimal miteinander.

Im Februar fühlte ich mich wieder tagelang sehr schlecht und sagte meinen Eltern, dass ich vielleicht doch besser wieder in eine Klinik gehe. Mein Vater meinte, ich solle noch abwarten, ob es sich bessere.

Bis zum 25.02.2005, dem Geburtstag meiner Mama, hielt ich durch. Danach stand ich gar nicht mehr auf und hatte fürchterliche Ängste. Meine Mutter rief in einer Klinik an und sie sagten ihr, es sei zwar eine Suchtklinik, aber ich wäre mit Depressionen goldrichtig dort. Sie hätten diese Abteilung gerade aufgebaut und ich sollte am 1. März zur Aufnahme kommen.

Meine Mutter und mein Mann brachten mich am 1. März in die Klinik. Der erste Eindruck war nicht besonders angenehm, es war alles sehr kalt und ich fühlte mich sofort noch unwohler. Aber ich schwieg.

Bei der Aufnahme kam jemand mit einem Fotoapparat und knipste mein Gesicht. So etwas hatte ich vorher noch nicht erlebt. Es war ein schreckliches Bild. Ja, so sah ich nun aus, aber musste davon auch noch ein Foto gemacht werden?

Wir warteten zwei Stunden, bis ich in ein Vierbettzimmer gebracht wurde. Der Raum war sehr dunkel und mit einem kleinen Waschbecken ausgestattet. Ich bekam das Bett neben dem Waschbecken. Eine ältere Dame und eine Frau in meinem Alter waren meine Zimmergenossinnen.

Ich wollte mich unbedingt noch mit meinem Mann und meiner Mutter unterhalten, aber der Aufenthaltsraum war belegt. Es standen nur vier Stühle darin. Somit mussten wir uns im Flur verabschieden. Meiner Mutti gefiel die Station auch überhaupt nicht und nur schweren Herzens fuhren sie nach Hause.

Ich hatte ein sehr mulmiges Gefühl und packte langsam meine Sachen aus. Kurz darauf kam der Stationsarzt und befragte mich über meinen Krankheitsverlauf. Ich erzählte alles und sagte ihm, dass mein Arzt ihm auch alles per Fax zuschicken wird. Er wollte für mich Medikamente und einen Therapieplan zusammenstellen. Die Medikamente würde ich schon am Abend bekommen.

Ich legte mich auf mein Bett, weil mich dieser Tag sehr angestrengt hatte. Aber ich ahnte schon, dass es eine schlaflose Nacht werden würde.

Ich wartete bis zum Abend und bekam dann ein paar Medikamente. Meine Schlafmedikation war nicht dabei und ich fragte nach, warum das so sei. Man sagte mir, dies sei eine Suchtklinik und ich müsse versuchen, auch ohne schlafen zu können.

Ich zog mich aus und legte mich wortlos ins Bett. Natürlich blieb ich sehr lange wach und schlief dann nur ein paar Stunden. Vollkommen schweißgebadet wachte ich auf. Ich hatte einen Albtraum, in dem ich mich von der Brücke fallen sah. Diesen Traum hatte ich bereits zweimal gehabt und ich fühlte mich schrecklich nach dieser Nacht.

Am Morgen sollte ich sofort zur Urinkontrolle und auch in ein Röhrchen pusten. Was das mit meiner Depression zu tun haben sollte, wusste ich nicht. Aber ich machte, was verlangt wurde, um nicht anzuecken.

Nach dem Frühstück hatten wir eine Gruppentherapiestunde. Es ging um die Folgen von Alkoholsucht, aber das Thema »Depressionen« wurde nicht einmal erwähnt. Als ich mir später die Wandtafel im Flur anschaute, stand dort auch nichts von Depressionen. Mir wurde klar, dass ich hier nicht »goldrichtig« war, wie am Telefon behauptet worden war. Scheinbar war dieser Bereich geplant, aber noch nicht im Aufbau.

Mit den anderen Patienten kam ich nur wenig ins Gespräch. Sie waren wegen Alkohol- oder Drogenproblemen dort. Die Leute kamen und gingen. Es war ein ständiger

Patientenwechsel auf dieser Station. Ich fühlte mich schon nach fünf Tagen falsch aufgehoben und sehr unwohl. Aber ich hoffte sehr, dass man mir dort noch helfen würde.

Mein Mann kam täglich zu Besuch und meine liebe Mutter jeden dritten Tag. Es passte den Schwestern irgendwie nicht, dass meine Mutter so oft kam. Manchmal hörte ich sie über mich reden. Dann wurde ich wütend und fragte nach, was denn daran so verkehrt sei, dass meine Mutter zu Besuch komme. Ich bekam keine Antwort. Daraufhin sagte ich, auch wenn meine Mutter jeden Tag kommen würde, hätte es sie nicht zu interessieren.

Nun hatte ich mir mal Luft gemacht, aber ich wurde danach fast schon von den beiden Schwestern gemieden. Das war mir aber dann auch egal, ich wollte nur, dass die Ärzte mir endlich gegen meine Depressionen helfen würden.

Ich bekam während des Klinikaufenthaltes oft neue Medikamente. Nach einem Medikament konnte ich gar nicht mehr sprechen und meine Zunge klebte am Gaumen, so starke Mundtrockenheit hatte ich.

Eines Nachts wurde eine junge Frau gebracht. Sie war so Anfang 20 und musste sich im Bett übergeben. Am nächsten Morgen bekam ich mit, dass ihre Leberwerte so schlecht waren, dass sie, wenn sie nicht von den Drogen loskäme, bald sterben würde. Sie blieb nur drei Tage und verschwand wieder.

Oft saß ich nachts mit den Drogenabhängigen auf dem Flur. Sie konnten auch nicht schlafen und warteten auf ihre Ersatzdroge Methadon. Ich erzählte ihnen, was mir passiert war, und auch sie waren schockiert. Sie sagten, selbst im Drogenrausch hätten sie das nie machen können. Ich erklärte ihnen, was eine Psychose bedeutet und dass man in diesem Zustand nichts mehr selbst steuern kann.

Ich war nun fast drei Wochen in der Klinik und nicht eine Therapiesitzung handelte von Depressionen. Es ging immer um Alkohol und Drogen. Deshalb entschloss ich mich dazu, an Ostern nach Hause zu gehen. Ich musste unterschreiben, dass ich mich auf eigene Verantwortung entlasse. Das tat ich dann auch.

An Ostern 2005 holte mich mein Mann ab und wir fuhren gleich zu meinen Eltern, die alles schön ausgeschmückt hatten. Ich freute mich so sehr, meinen Vater in die Arme zu schließen. Trotzdem ging es mir sehr schlecht, kein Medikament hatte mir bisher auch nur ein bisschen gegen meine Depressionen geholfen.

Am Ostersonntag verzweifelte ich und weinte hemmungslos. Ich wusste nicht, woher ich noch Hoffnung nehmen sollte. Mein Mann blieb bis Ostermontag bei uns. Er und meine Eltern redeten mir gut zu. Wir wussten alle, was ich schon ausgehalten hatte. Man glaubt gar nicht, was man alles aushalten kann, wenn man es muss.

Nun kam die Zeit heran, in der die Platten aus meinem Ober- und Unterkiefer entfernt werden sollten. Anfang April machte mein Mann einen Termin in der Klinik, in der sie mir eingesetzt worden waren. An meinem linken Wangenknochen konnte ich sogar eine Schraube fühlen. Es wurde also Zeit, die Platten zu entfernen.

Bei der Untersuchung wurde festgestellt, dass alles gut verheilt war. Ich bekam eine Einweisung für die Operation und sollte ungefähr vier Tage im Krankenhaus bleiben. Na, dachte ich so bei mir, hoffentlich bleibt es bei vier Tagen.

Bei der Aufnahme Anfang April wurden weitere Untersuchungen gemacht. Am nächsten Tag sollte es früh losgehen, aber es lief nicht nach Plan. Ich war schon für die Operation vorbereitet, als ich die Nachricht bekam, dass ein Notfall eingetroffen sei. Die Operation sollte auf den Abend verschoben werden.

So saß ich mit OP-Hemd und Haube den ganzen Tag auf meinem Bett und konnte nichts essen und trinken. Um 20 Uhr wurde mir dann abgesagt und alles auf den nächsten Tag verschoben. Ich war mit den Nerven total fertig und weinte nur. Eine Frau aus meinem Zimmer tröstete mich, obwohl sie noch schlimmer dran war als ich. Sie hatte Krebs im Gesicht, der Krebs hatte die Hälfte ihres Gesichts schon zerstört. Nun war der Tumor bereits in der anderen Gesichtshälfte. Sie fragte mich, ob sie mir das zeigen könne, und ich bejahte. Es war alles schwarz und das Auge fehlte. Es war furchtbar. Sie trug auf der rechten Seite eine Gesichtsmaske, die nicht sofort auffiel, nur wenn man genau hinschaute. Sie tat mir sehr leid, aber sie war tapfer. Ich wollte jetzt auch tapfer sein und riss mich zusammen.

Am nächsten Tag wurde ich in den OP gebracht und ich hörte, wie man über mich sprach. Das Personal unterhielt sich darüber, wie man sich solche Verletzungen am Kiefer und am Kopf zuziehen konnte.

Dann wachte ich wieder auf und wurde auf mein Zimmer gebracht. Die Operation hatte drei Stunden gedauert und sei gut verlaufen, sagte man mir. Ich war noch schwach von der Narkose und blieb erst mal im Bett.

Am Abend fühlte ich mich stärker und stand auf. Ich

hatte alle Regenbogenfarben im Gesicht, aber keine Schmerzen. Mein Abendbrot aß ich am Tisch. Ich war so froh, dass ich diese OP überstanden hatte. Es kam noch ein Arzt zu mir und sagte, in zwei Tagen könne ich wieder nach Hause gehen.

Ich legte mich schon zeitig in mein Bett. Gegen 20 Uhr war es dunkel und keine meiner Zimmernachbarinnen hatte mehr den Fernseher oder das Licht an. So versuchte ich auch, schnell einzuschlafen, was mir aber nicht gelang.

Irgendwann stand ich auf und ging den Flur auf und ab. Ich fühlte mich verfolgt und drehte mich immer wieder um. Aber es war niemand hinter mir.

Ich ging wieder ins Zimmer und setzte mich leise an den Tisch. Es war jetzt schon 23 Uhr und die anderen schliefen bereits. Ich stand auf, ging ans Fenster und schaute hinaus. Und was sah ich dort auf dem Hof stehen? Einen roten Coca-Cola-LKW, wie man ihn aus der Weihnachtswerbung kannte! Ich wusste, dass das nicht sein konnte, und sagte mir auch selbst: »Das kann nicht sein.« Mehrmals schaute ich weg und dann wieder aus dem Fenster. Aber er stand weiterhin da.

Ich setzte mich auf mein Bett und nahm eine weiße Tasse, um daraus Wasser zu trinken. Plötzlich sah ich Ameisen in der Tasse krabbeln. Ich konnte es nicht glauben, schaute weg und dann wieder hin. Ameisen!!!

Ich legte mich im Bademantel auf mein Bett und wartete, bis es hell wurde. Dann ging ich ins Bad und schaute in den Spiegel. Mein Gesicht sah verbeult aus.

Ich fragte die anderen Patienten, ob dies so sei, aber sie verneinten.

Dann kam mein Mann und ich erzählte ihm voller Panik,

was geschehen war. Er sagte: »Diesmal müssen wir gleich hier einem Psychiater Bescheid geben.«

Ich rief meine Mutter und meinen Bruder an und bat sie, schnell zu kommen, ich wisse nicht, was in ein paar Stunden mit mir passieren würde.

Endlich kam ein Psychiater aufs Zimmer und mein Mann erzählte ihm, was passiert war. Ich war gar nicht in der Lage, zu sprechen.

Dann trafen meine Mutter und mein Bruder ein, beide waren vollkommen aufgelöst. Der Psychiater sagte, er gehe davon aus, dass die lange Narkose erneut eine Psychose ausgelöst hatte. Ich erhielt ein Medikament, sollte dann aber sofort mit dem Krankentransport in die Psychiatrie gebracht werden.

Mein Mann kannte die psychiatrische Klinik bereits – und ich auch. Er fuhr mit meiner Tasche vor und ich mit meiner weinenden Mutti im Krankenwagen hinterher. Mir war schlecht und ich war wütend. Aber ich konnte nicht weinen.

Als wir in der Psychiatrie ankamen, war es 18 Uhr. Ich wurde wieder von dieser Schwester in Empfang genommen, die schon beim letzten Mal nicht nett zu mir war. Ich versuchte, sie nicht anzugucken, und war sehr wütend, auch auf sie.

Ich bekam kein Zimmer, sondern nur ein Bett im Tischtennisraum. Es hieß, das sei erst mal vorübergehend. Aber ich sollte mehrere Wochen in diesem Raum verbringen.

Mein Mann fuhr dann nach Hause und meine Mutti blieb noch bei mir. Ich war nicht nett zu ihr, sondern reagierte leicht aggressiv. Dann musste sie auch fahren und erst sehr spät kam eine Ärztin zu mir. Ich sollte Medikamente bekommen, die die Psychose heilen lassen. Wie lange das dauern würde, wusste sie nicht.

Ich schlief in der Nacht keine Sekunde und rannte im Flur hin und her. Die Nachtschwester sah mich, doch sie ließ mich in Ruhe. Ich wollte nach draußen, aber die Tür war verschlossen.

Im Flur saß ein Patient, der immer wieder das Gleiche erzählte, zum Beispiel: »Mein Gott, der Himmel ist blau.« Ich sprach ihn an und er schaute mich ganz seltsam an. Aber ich wusste ja selbst nicht, warum ich im Flur herumrannte. Ich fragte ihn nach einer Zigarette und er hielt mir eine zerknüllte Packung hin. Es waren noch zwei Zigaretten drin und er kam mit in den Raucherraum. Die Marke kannte ich nicht und sie schmeckte fürchterlich, aber ich rauchte.

Ich fühlte mich so, als ob ich explodieren würde, und ich konnte nicht klar denken. Alles um mich herum schien bedrohlich. Ich hörte immer wieder Stimmen, die Namen aufzählten und mir befahlen, mich auszuziehen. Irgendwann ging ich in mein Zimmer zurück und zog meine Sachen aus. Dann rannte ich nackt zur Schwester und wollte meine Mutti anrufen, um zwei Uhr morgens. Das lehnte sie natürlich ab und forderte mich energisch auf, in mein Bett zu gehen. Das tat ich dann, blieb aber nicht liegen, sondern stand wieder auf. Bis es hell wurde, rannte ich nackt auf dem Flur hin und her. Ich war einfach getrieben und konnte nicht still sitzen oder liegen.

Die Schwestern hatten Schichtwechsel und es kam eine nette Schwester zu mir. Sie hieß Brigitte und sie bat mich, etwas anzuziehen. Ich zog nur einen Bademantel an. Sie sagte, dass heute Visite sei und die Ärzte sicher etwas finden würden, was mir helfen wird.

Es gab dann Frühstück und gleich Medikamente dazu. Ich konnte nichts essen und trank nur Kaffee. Es war alles so unwirklich für mich. Ich konnte nicht mal weinen.

Dann kam die Ärztin von gestern zu mir und sagte, sie würde mir ein Medikament in hoher Dosierung geben. Es würde mir helfen, aber sicher nicht sofort. Ich hielt mich an ihrer Hand fest und sagte, dass ich große Angst und Unruhe in mir habe. Sie gab mir eine Tüte mit Gummibären, die ich auch sofort annahm. Dann nahm sie mich an der Hand und führte mich in den Schwesternraum.

Das muss man sich mal vorstellen. Dazu war ich fast nackt. Ich fühlte nur Angst und eine Art von Getrieben-Sein in mir.

Ich bekam noch eine Tablette, die ich auf der Zunge zergehen lassen sollte. Meine Unruhe besserte sich ein wenig, aber ich konnte keinen Moment schlafen.

Mein Mann rief auf der Station an und ließ ausrichten, dass er am Nachmittag kommen wird. Ich nahm das wahr, aber mir war egal, ob ich Besuch bekomme oder nicht.

Als mein Mann kam, war ich immer noch im Bademantel. Er küsste und umarmte mich. Ich sagte zu ihm, ich wolle hinausgehen, aber die Tür sei verschlossen. Es war nur zu meinem Schutz, aber dies konnte ich nicht verstehen, weil ich eigentlich überhaupt nichts mehr verstand.

Mein Mann fragte die Schwester, ob wir auf den Innenhof gehen dürfen, und sie sagte, in Begleitung wäre das erlaubt. So humpelte ich auf den Hof, weil ich noch Schmerzen in meinen Beinen hatte. Wir setzten uns auf eine kleine Bank und kurz darauf stand ich wieder auf. Ich war von Unruhe getrieben. Hastig rauchte ich eine Zigarette und wollte wieder hinein. Aber mein Mann bestand darauf, dass wir noch ein paar Minuten draußen blieben. Ich konnte mich nicht mit ihm unterhalten, weil mir so schlecht war, dass ich am liebsten laut geschrien hätte.

Wir gingen wieder hinein und ich sagte zu meinem Mann, er solle lieber nach Hause fahren. Vollkommen traurig ging er zur Tür, die für ihn geöffnet wurde. Ein Pfleger hielt mich von der Tür fern. Als sie wieder verschlossen war, sahen wir uns durch die Scheibe an. Mein Mann winkte mir zu und verschwand dann durch das Treppenhaus.

Ich fühlte in diesem Moment nichts, ich hatte keine Gefühle mehr. Langsam ging ich in den Tischtennisraum zurück, der ja mein Krankenzimmer war. Ich legte mich aufs Bett und dachte in diesem Moment einfach an gar nichts. Ich hörte die anderen Patienten reden, rufen und schimpfen, aber ich konnte weder das eine noch das andere. Ich lag einfach da, bis es Abendbrot gab.

Ich bekam eine Suppe, weil ich wegen der Gesichtsoperation kaum etwas anderes essen konnte. Während ich die Suppe löffelte, hatte ich starke Schmerzen. Ich lief zu den Schwestern und sie gaben mir ein Schmerzmedikament. Das war wohl fest angesetzt, weil allen klar war, dass ich nach einer solchen Operation Schmerzen haben würde.

Ich ging dann in den Fernsehraum und setzte mich hin. Es lief irgendein Film, aber ich bekam den Inhalt nicht mit und konnte auch nicht still sitzen. Also ging ich wieder in den Raucherraum. Dort saßen viele Patienten und eine sogar im Nachthemd. Da war ich mit meinem Bademantel also nicht die Einzige, die nicht angezogen war. Mit ihr sprach ich ein paar Worte und sie erzählte mir, dass sie schon das vierte Mal hier sei. Ich sagte, dass es für mich das zweite Mal ist. Sie meinte, die Tür sei nur wegen mir verschlossen, und das fänden die anderen Patienten nicht gut. Ich sagte, mir sei das egal, ließ sie reden und ging raus.

Die Tage vergingen und ich war noch für keine Therapie bereit. Ich schleppte mich so durch die Tage und verbrachte viel Zeit damit, im Flur zu sitzen. Meine Mutti konnte nicht so oft zu Besuch kommen, weil sie sich um meinen Vater kümmern musste. Er war selbst schwer krank und brauchte jeden Tag ihre Hilfe. Dafür kam mein Mann fast täglich und meine Geschwister besuchten mich auch oft.

Eines Tages kam meine Mutti und wir saßen im Tisch-tennisraum, weil ich immer noch kein anderes Zimmer hatte. Sie erzählte etwas und plötzlich ging ich auf sie zu, legte beide Hände um ihren Hals und würgte sie. Ich weiß bis heute nicht, warum ich das getan habe, aber ich drückte mit großer Kraft ihren Hals zu. Sie konnte noch um Hilfe rufen und es kamen zwei Schwestern angerannt, die mich von meiner Mutti wegzogen. Ich kann mir nicht erklären, warum ich das getan habe. Es tut mir heute noch sehr leid.

Die Schwestern boten ihr einen Tee an und sie sollte sich erst mal beruhigen. Es war eine schlimme Situation und ich konnte gar nichts empfinden. Meine Mutti sollte dann nach Hause fahren.

Später erzählte sie mir, dass sie die ganze Rückfahrt über geweint hatte. Sie sagte sich aber, dass ich sehr krank bin und dass ich im Moment nicht ich selbst bin.

Sie kam eine Woche später wieder zu mir. Diesmal um-armte ich sie und wollte ihr etwas sagen, aber ich fand keine Worte. Sie machte mir keine Vorwürfe und sagte, dass ich bald wieder gesund werde.

Ich konnte jetzt wieder ein paar Stunden schlafen, aber meine Ängste wurden nicht besser. An einem Abend lag ich in meinem Tischtennisraum und sah plötzlich, wie sich die Gardinen bewegten. Sofort rannte ich zu den Schwestern und rief: »Ich habe solche Angst und kann nicht in diesem Raum sein!« Daraufhin schoben sie mein Bett in den Flur, direkt vor das Schwesternzimmer. Ich lag auf dem Bett und hielt mich an den Seiten fest. Mein Herz raste und ich zitterte. Ich dachte, ich werde ohnmächtig vor Angst.

Die nette Ärztin kam und spritzte mir etwas in die Vene. Ich schlief dann ein, erwachte aber schon um vier Uhr morgens und konnte nicht mehr einschlafen. Wenigstens hatte sich mein Herz etwas beruhigt und ich zitterte nicht mehr so stark.

Ich ging zur Toilette, davon gab es nur zwei für 35 Patientinnen. Plötzlich hörte ich die Spülung und ich schaute nach, wer denn da sei. Es war niemand da. Dann guckte ich in die Kloschüssel und sah, dass alles voller Papier war. Ich drehte mich einen Moment um und schaute wieder hin, jetzt war kein Papier mehr zu sehen. Es war gespenstisch und beängstigend. Ich erzählte das aber niemandem.

Ich kroch wieder in mein Bett zurück und dachte nicht darüber nach. Ich wusste einfach nicht, was mit mir geschah, und konnte nicht logisch denken. Später erfuhr ich, dass dies bei einer Psychose oft der Fall ist. Auch glaubte ich nichts, was man mir erzählte. Ich war sehr misstrauisch jedem gegenüber.

Die folgenden Tage verbrachte ich meist zurückgezogen in meinem Tischtennisraum.

Nach drei Wochen wurde ich endlich in ein Vierbettzimmer verlegt. Ich teilte es mit drei Frauen, von denen eine schon älter war. Alle waren sehr nett zu mir und ich freute mich ein bisschen, nicht mehr im Tischtennisraum zu sein. Die ältere Patientin sprach mich sofort an und ich hörte ihr zu. Allerdings fiel es mir schwer, Gespräche zu führen. Es war sehr stickig im Zimmer und wir öffneten das Fenster. Leider nur kurz, weil die ältere Patientin sehr fror. Sie hatte bei 30 Grad zwei Pullover an und eine dicke Strickjacke. So mussten wir das Fenster wieder schließen und die Luft stand im Zimmer. Die ältere Patientin trug auch Windeln, sodass der Geruch fast unerträglich war. Ich ging, so oft ich die Kraft hatte, aus dem Zimmer. Dann setzte ich mich in eine Ecke und weinte.

In der folgenden Nacht hatte ich wieder mit meinen unruhigen Beinen zu tun und konnte nicht still liegen. Ständig musste ich aufstehen und im Flur auf und ab laufen. Ich klopfte bei den Schwestern an und fragte, ob noch ein Arzt da wäre. Natürlich war niemand da und so konnte ich die ganze Nacht kein Auge zumachen.

Am nächsten Morgen klopfte ich bei meiner Ärztin an die Tür. Sie meinte, es gäbe im Moment kein Mittel, das mir helfen könne. Ich müsse das durchstehen, erst mal müsste meine Psychose ausheilen. Ich bekam einen Weinkrampf und die Ärztin brachte mich auf mein Zimmer. Wenig später bekam ich ein Beruhigungsmittel von einer Schwester. Ich dachte, dass ich das alles nicht mehr schaffe und dieses Leben, so wie es jetzt ist, kaum noch ertrage.

Ich lag zusammengekrümmt im Bett und ging nicht zum Abendbrot. Mir war klar, dass ich so nicht mehr leben wollte, wenn sich das alles nicht bessern würde.

Dann kam die Nacht. Ich stand auf und ging zum Bad, stellte mich in die Dusche und zog den Duschschlauch so fest um meinen Hals, bis ich nicht mehr konnte. Es tat sehr weh und ich ließ den Duschschlauch fallen. In diesem Moment kam die Krankenschwester, die ich nicht leiden konnte, ins Bad und schrie entsetzt: »Was machen Sie denn nur!« Sie sah die Würgemale an meinem Hals. Ich ging ganz langsam aus der Dusche und sie verständigte einen Arzt.

Wenig später kam ein Arzt von einer anderen Station und schaute mich durchdringend an. Er wollte wissen, wieso ich das getan hatte. Ich sagte zu ihm, dass ich endlich schlafen wolle. Ich bekam eine Spritze und schlief dann schnell ein.

Als ich erwachte, saß eine junge Frau an meinem Bett. Sie erzählte mir, dass sie Studentin sei und vorläufig an meiner Seite sein würde. Ab jetzt war sie sozusagen mein Schatten. Wenn ich zur Toilette ging, kam sie hinterher. Überall, wo ich hinging, ging sie mit. Es war ja nur zu meinem Schutz, somit störte sie mich nicht.

Ich lag viel im Bett und sah noch oft kleine Männchen, die auf dem Tisch im Zimmer krabbelten. Aber meine Halluzinationen wurden allmählich weniger. Oft hörte ich noch Stimmen, aber sie waren nicht mehr so aggressiv wie vorher.

Das Medikament wurde dann noch einmal hochdosiert und bei der Visite erfuhr ich, dass ich es mindestens fünf Jahre einnehmen muss, um eine erneute Psychose zu vermeiden.

Das war mir egal. Die Hauptsache war für mich, dass ich wieder gesund werde. Ich wollte leben, für meinen lieben Mann, meine Familie. Ich fühlte mich ihnen gegenüber irgendwie verpflichtet. Sie sorgten sich so um mich und waren ständig an meiner Seite. Es gab viele Patienten, die nie Besuch bekamen und mit ihrem Kummer ganz allein waren. Auch wenn es mir schlecht ging, spürte ich doch den Wunsch, weiterzuleben. Natürlich hatte ich große Angst, was werden würde, wenn die Medikamente und die Psychotherapie mir nicht weiterhelfen würden.

Dass ich versucht hatte, mich mit einem Duschschlauch zu erwürgen, erzählte ich meiner Familie nicht. Sie erfuhren erst viele Jahre später davon.

Nun verging Tag für Tag, sehr langsam konnte ich wieder klare Gedanken fassen und auch Gespräche führen. Nach drei Wochen hatte das Medikament gegen meine Psychose angeschlagen. Ich wurde dann auch bald nach Hause entlassen.

Mein Mann holte mich fünf Wochen später aus der Psychiatrie ab und wir fuhren in unsere Wohnung. Ich war noch sehr wacklig auf meinen Beinen und hakte mich bei meinem Mann ein.

Nun war ich wieder zu Hause. Die ersten Tage waren sehr anstrengend und ich konnte mich nicht gut konzentrieren. Aber meine Familie und mein Mann freuten sich sehr, dass ich die Psychose überstanden hatte. Es gab auch Patienten, bei denen die Medikamente nicht geholfen hatten. Sie mussten dann mit der Psychose leben! Ein schrecklicher Gedanke für mich. Ich hatte großes Glück, dass das Medikament bei mir angeschlagen hatte.

Nach einigen Tagen zu Hause wollte ich wieder zu meinen Eltern. Ich hatte Sehnsucht nach ihnen. Mein Vater war selbst sehr krank, aber ich wurde liebevoll von beiden begrüßt und war glücklich, bei ihnen zu sein.

Mein Mann blieb auch einige Tage bei meinen Eltern. Es war Sommer und wir saßen viel draußen unterm Sonnenschirm. Es war keine leichte Zeit für mich, weil ich schnell erschöpft war und die Medikamente mich sehr müde machten. Ich schlief zwar zügig ein, aber wachte fast immer zur selben Zeit auf. So gegen vier Uhr morgens war meine Nacht vorbei. Das fand mein Psychiater nicht gut, weil das die sogenannte Zeit für Depressionen sei. Er verschrieb mir noch zusätzlich ein Schlafmittel, welches ich einnehmen sollte, wenn ich um vier wach werde. Es klappte damit ganz gut und ich schlief dann weiter bis sieben Uhr. Trotzdem fühlte ich mich den ganzen Tag müde und abgeschlagen. Ich war immer froh, wenn es Abend war und ich mich hinlegen konnte. Ich versuchte allerdings, mich tagsüber nicht hinzulegen, und verbrachte viele Stunden in der Küche. Eigenartig war, dass ich tatsächlich jeden Morgen um vier Uhr wach wurde. Ich konnte dann nicht mehr einschlafen.

Wir versuchten jetzt, so normal wie nur möglich das Leben zu meistern. Langsam bekam ich Lust, auch mal etwas zu kochen. Das war dann immer ein großer Moment, wenn wir zum Essen zusammensaßen.

Es gab aber viele Tage, an denen es für mich sehr schwierig war, überhaupt aufzustehen. Dann quälte ich mich durch den Tag und weinte auch sehr viel. Ich fragte mich: Warum ist mir das passiert? Diese Frage stellte ich mir sehr oft. Warum musste ich solches Leid erfahren?

Die Jahre 2006 und 2007 verliefen einigermaßen gut, sodass ich in dieser Zeit nicht zur Behandlung in eine psychiatrische Klinik musste. Allerdings offenbarte mir mein

Arzt, dass er ab 2008 in Ruhestand geht und ich einen neuen Arzt finden muss.

Den fand ich dann auch ganz in der Nähe des Wohnorts meiner Eltern. Dieser Arzt, Dr. Wegner, war viel jünger und sehr deutlich in seinen Formulierungen. Ab April 2008 war ich seine Patientin. Wir vereinbarten eine Gesprächstherapie und ich ging jede Woche zum Gespräch zu ihm. Ansonsten sahen wir uns noch alle sechs Wochen wegen der Medikamente.

Ich fühlte mich zu Anfang nicht so wohl bei diesem Arzt, er hatte eine spezielle Art, die mir nicht sofort angenehm war. Aber je öfter ich zu ihm ging, umso besser wurde unser Arzt-Patienten-Gespräch.

Im November 2008 ging es mir wieder so schlecht, dass ich meinen Therapietermin bei Dr. Wegner nicht einhalten konnte. Ich sagte ab und bat um eine Einweisung in eine psychiatrische Klinik, weil ich nicht in der Lage war, aufzustehen und irgendetwas zu machen. Sofort war mein Arzt einverstanden, denn er konnte die Medikamente auch nicht einfach umstellen.

Mein Mann holte die Einweisung ab und kümmerte sich um alles Weitere. Ich war ihm sehr dankbar, ohne die Hilfe meines Mannes hätte ich das alles nicht geschafft.

Es war verabredet, dass uns die Klinik anruft, sobald ein Bett frei wäre. Dies ging dann sehr schnell. Zwei Tage, nachdem mein Mann mich angemeldet hatte, kam der Anruf.

Am 08.09.2008 fuhren wir in die psychiatrische Klinik. Ich hatte es fast drei Jahre ohne eine Einweisung geschafft. Und das sollte für mich viel bedeuten.

Auf der Fahrt war mir unheimlich übel. Wir mussten anhalten und ich übergab mich. Ich fühlte mich dermaßen schlecht und konnte kaum stehen.

In der Klinik angekommen, fragte mich gleich die Schwester aus. Ich konnte nicht mal Luft holen, so viel wollte sie wissen. Ich empfand das als sehr anstrengend.

Nach dem Gespräch wurde mir mein Zimmer gezeigt. Es war ein Vierbettzimmer. Mein Bett stand am Fenster. Ich fragte meinen Mann, was er davon halte. Er meinte nur: »Hauptsache ist doch, dass sie dir helfen können, weil es so nicht weitergehen kann.«

Ich wurde dann von einer Ärztin aufgerufen und folgte ihr in ein Zimmer. Dort erzählte ich ihr alles, was bisher passiert war. Sie war sehr ruhig und sagte nach einiger Zeit, dass sie dergleichen noch nicht gehört hatte. Es sei ein Wunder, dass ich so vor ihr sitze und ihr alles berichten kann. Ich sagte zu ihr, dass ich jede Therapie annehme, auch Lithium oder Elektrokrampftherapie, Hauptsache, es würde mir helfen. Ich erzählte ihr auch, dass ich schlecht schlafen könne. Darauf sagte sie, ich bekäme etwas, womit ich schlafen könne. Über den Therapieplan wollte sie am nächsten Morgen mit mir sprechen.

Ich saß regungslos im Zimmer auf meinem Bett. Wieder packte mein lieber Mann meine Tasche aus. Es war so rührend, wie er sich um mich kümmerte. In der Küche gab es einen Kaffeeautomaten, und da wir sehr gerne Kaffee tranken, holte mein Mann Kaffee für uns beide. Ich hielt die Tasse ganz fest und trank dann Schluck für Schluck.

Wenig später kamen meine Zimmernachbarinnen herein, sie hatten Therapiepause. Ich stellte mich vor, und sofort hatte ich das angenehme Gefühl, hier richtig aufgehoben zu sein.

Dann kam eine junge Ärztin und ich ging mit ihr in ein Zimmer. Sie fragte mich, warum ich denke, in der Klinik sein zu müssen. Ich erzählte auch ihr meine ganze Geschichte und sie hörte aufmerksam zu. Danach untersuchte sie meinen Körper sehr intensiv. Sie sagte, dass ich körperlich einen guten Eindruck mache, und um die psychischen Probleme werde man sich hier kümmern. Dann sagte sie noch, dass es unglaublich sei, was ich erlebt hatte. Vor allem, dass ich so vor ihr sitze, sei ungewöhnlich für einen Patienten mit Schädelhirntrauma dritten Grades. Ich nickte mit meinem Kopf und konnte es kaum erwarten, mit der Therapie zu beginnen.

Zur Nacht bekam ich schon ein Medikament. Ich nahm es am Tisch ein und wollte dann zur Toilette. Mir versagten regelrecht die Beine, ich konnte nur mühsam zur Toilette gehen.

Danach legte ich mich ins Bett und schlief sofort ein. Erst um sieben Uhr wurde ich von der Schwester geweckt. Ich war so glücklich darüber, dass ich die ganze Nacht durchgeschlafen hatte. Schnell stand ich auf und ging mich waschen. Dass ich das überhaupt tat, war schon ein Glücksumstand. Denn zu Hause quälte ich mich bereits mit dem Zähneputzen.

Dann ging es schnell zum Frühstück. Als ich den Frühstücksraum betrat, saß nur ein Mitpatient dort. Er hieß Ingo und konnte auch nicht gut schlafen. Als ich »Guten Morgen« zu ihm sagte, lief er schon los und holte mir Kaffee. Ich hielt mich an diesem heißen Kaffee fest und dachte an gar nichts.

Nach und nach kamen weitere Patienten in den Frühstücksraum. Ich holte mir mein Müsli und schaute vor mich hin. Dann hatte ich Lust, eine Zigarette zu rauchen.

Viele andere Patienten gingen ebenfalls rauchen. Während des Rauchens unterhielt man sich über Krankheiten, Medikamente und die Ärzte. Natürlich kamen auch die angebotenen Therapien zur Sprache. Viele hatten kaum noch Hoffnung, weil sie schon so oft in der Klinik waren und zahlreiche Therapien versucht hatten. Natürlich reagiert jeder Patient unterschiedlich auf Medikamente und Psychotherapien. Ich lernte auch Patienten kennen, die trotz Behandlung jahrelang unter einer Psychose litten. Alle Therapien hatten bei ihnen versagt. Ich merkte dann, dass ich mich zurückziehen musste, um nicht noch mehr negativ beeinflusst zu werden. Es tat mir nicht gut, zu hören, dass Patienten keine Besserung erzielt hatten.

Nach dem Frühstück räumten wir den Raum auf und stellten alle Stühle im Kreis auf. Dann kamen auch schon die Ärzte und Therapeuten. Für gewöhnlich begann unsere Morgenrunde um neun Uhr. Dabei musste sich jeder äußern, wie es ihm ging und welche Therapien für diesen Tag anstanden. Ich war oft die Erste, die zu Wort kam. Ich redete einfach drauflos.

Da ich häufig nicht schlafen konnte und mich müde und abgeschlagen fühlte, verordnete mir meine Ärztin eine höhere Dosis eines Medikaments, welches den Schlaf fördern sollte. Nun nahm ich 200 statt 150 Milligramm davon. Auch bekam ich mehr Gesprächstherapien bei meiner Psychologin, die Frau Raabe hieß. Sie war eine nette, einfühlsame Frau um die 30 und schon sehr erfahren. Viele Sitzungen hatte ich bei ihr.

Sie gab mir einen Zettel, den ich »abarbeiten« sollte. Dazu gehörte auch, viel nach draußen zu gehen, denn ich hatte das Problem, nicht alleine rausgehen zu können. So marschierte ich mal zum Kiosk um die Ecke, trank dort einen Kaffee und lief wieder schnell zurück. Manchmal setzte ich mich auch einfach nur irgendwohin, um die Zeit zu überbrücken.

Eines Tages sagte mir Frau Raabe, dass wir jetzt üben würden, in ein volles Kaffeehaus zu gehen. Auch würden wir gemeinsam mit der U-Bahn fahren und sehen, wie es mir dabei geht.

Sie hatte ein wirklich schickes Kaffeehaus ausgesucht. Wir spazierten etwa 20 Minuten dorthin. Alles war sehr elegant eingerichtet und ein Platz für uns zwei war noch frei. Wir bestellten uns beide einen Kaffee. Sie beobachtete sehr genau, wie ich mich verhielt. Ich war nervös zwischen all den Menschen im Café. Genauer gesagt machten mir die vielen Menschen Angst.

Wir blieben dann ungefähr zwei Stunden dort und in der ganzen Zeit legte sich meine Angst nicht. Ich fühlte die Menschen um mich herum als Bedrohung.

Ich war erleichtert, als wir das Café verließen und zurück zur Klinik gingen. Meine Beine waren ganz schwer und wollten mich nicht tragen. Es dauerte fast eine Stunde, bis wir wieder zurück waren. Ich war vollkommen geschafft und freute mich auf mein Zimmer.

Dort angekommen, legte ich mich erst mal auf mein Bett und versuchte ruhig zu atmen. Mein Herzschlag ging sehr schnell und mein Puls war bestimmt weit über 100.

Meine Psychologin kam noch mal in mein Zimmer und sagte, dass wir diese Übung wiederholen würden. In der nächsten Woche würden wir auch mit der U-Bahn fahren – und zwar gegen 15 Uhr, wenn viele Menschen unterwegs seien. Erfreut war ich nicht darüber, aber ich sagte mir, dass mir das nur helfen könne, meine große Angst vor vielen Menschen abzubauen.

Langsam erholte ich mich von dem Cafébesuch und ging zum Abendbrot. Dort erzählte ich von meinem Ausflug und wie anstrengend das für mich war. Viele Patienten konnten das verstehen und sagten, mit der U-Bahn würden sie auf gar keinen Fall fahren. Aber ich wollte unbedingt gesund werden und wartete auf die nächste Prüfung.

Mein Mann kam jeden Tag zu Besuch und wurde von allen sehr freundlich begrüßt. Jürgen, ein Mitpatient, stellte uns immer schon die Kaffeekanne hin, damit mein Mann und ich gemütlich zusammensitzen konnten. Eine weitere Patientin, Anna aus der Ukraine, organisierte Brötchen, dazu gab es russischen Kaviar. Also schlecht umsorgt wurde ich nicht. Genüsslich aßen wir das Vorbereitete und tranken Kaffee, ich vergaß für einen Moment, dass ich in einer psychiatrischen Klinik war.

In der folgenden Woche fuhren meine Psychologin und ich mit der U-Bahn. Schon der Weg zum U-Bahnhof war eine Anstrengung für mich. Ich konnte nicht so schnell laufen und war schon total fertig, als wir ihn endlich erreichten.

Die Bahn der Linie 2 kam und wir stiegen ein. Das Abteil war sehr voll, aber ich entdeckte einen freien Platz und setzte ich mich schnell hin, sonst hätten meine Beine versagt. Meine Psychologin musste stehen, doch sie beobachtete mich die ganze Zeit. Wir hatten zuvor ausgemacht, dass ich ihr anhand von Zahlen mitteile, wie stark meine

Angst ist. Eins stand für »keine Angst« und zehn für »sehr starke Angst«. Ich zeigte ihr beide Hände, also war meine Angst bei zehn.

Als wir ungefähr 20 Stationen gefahren waren, stiegen wir aus und besprachen alles. Sie meinte, auf dem Rückweg würde es sich bessern.

Wir fuhren mitten im Berufsverkehr zurück. Diesmal fand ich keinen Platz und musste stehen. Meine Beine wurden weich und im Magen war mir auch nicht gut. Ich zeigte meiner Psychologin immer wieder die Zehn. Als wir ausstiegen, hätte ich am liebsten geweint, weil ich nicht begreifen konnte, dass mich so eine Fahrt total fertig macht.

Der Rückweg zur Klinik war weit und wir brauchten sehr lange. Als wir ankamen, war das Abendessen schon vorbei. Aber Jürgen hatte für mich einiges zurückgelegt. Wie lieb von ihm, ich bedankte mich herzlich.

Ich erzählte Jürgen von meiner Übung in der U-Bahn und er meinte, er würde auch Angst haben, mit der U-Bahn zu fahren. Jürgen war wegen schwerer Depressionen in der Klinik und hatte zwei Suizidversuche hinter sich. Er war sehr hilfsbereit und wir verstanden uns gut, ein richtiger Kumpeltyp.

Oft saßen wir beide am frühen Morgen im Aufenthaltsraum und sprachen über unsere Träume für die Zukunft. Ich erzählte ihm, was mir zugestoßen war und warum ich die meiste Zeit mit Gehhilfen lief. Es wunderte ihn schon sehr, dass ich diese benötigte und oft beim Sport nicht richtig mitmachen konnte. Er war sehr erschüttert, als er den Grund dafür erfuhr.

Ich wusste, dass Jürgen nicht der Typ war, der sofort allen meine Geschichte erzählen würde. Nur gegenüber Menschen, mit denen ich schon länger zusammen war und zu denen ich Vertrauen hatte, offenbarte ich mich. Natürlich wussten die Ärzte und das Pflegepersonal Bescheid.

Meine Ärztin schlug mir vor, darüber ein Buch zu schreiben und damit anderen zu helfen. Zu diesem Zeitpunkt konnte ich aber gar nicht daran denken. Ich wollte wieder gesund werden. Deshalb machte ich fast alle Therapien mit, so gut ich eben konnte.

Weiterhin fuhr ich mit meiner Psychologin Bahn und Bus. Immer hatte ich dabei Herzrasen und mein Puls war auf 130. Sie hatte sogar ein Blutdruckmessgerät dabei, und wenn die Prüfung beendet war, wurden Blutdruck und Puls gemessen.

Es gab aber auch Tage, an denen ich mich so schlecht fühlte, dass ich an keiner Therapie teilnehmen konnte. Dann war mir einfach nur übel und schwindlig. Durch die Antidepressiva hatte ich starke Mundtrockenheit und meine Zunge klebte am Gaumen. Die Dosis wurde wöchentlich erhöht. Ich wurde auch ungeduldig, weil ich darauf wartete, dass es mir besser geht. Natürlich hatte sich schon einiges gebessert seit dem Aufnahmetermin. Aber ich war jetzt schon lange in der Klinik und hatte Angst davor, dass sie mich entlassen würden, ohne dass ich wieder in meinem normalen Leben zurechtkommen würde.

Bei der nächsten Visite sprach ich dieses Thema an und man teilte mir mit, dass eine baldige Entlassung noch nicht geplant sei. Das beruhigte mich doch ein wenig.

Sehr gerne ging ich zur Entspannungstherapie. Ich fand es angenehm, wenn wir in der Halle auf unseren Matten lagen und warme Kirschkernkissen bekamen. Wenn dann leise Musik spielte und die Therapeutin mit ruhiger Stimme sprach, konnte ich abschalten. Einige konnten dabei sogar einschlafen. Das gelang mir aber nie. Vielleicht waren es Patienten, die sowieso immer gut schlafen konnten.

Ich jedenfalls konnte sehr oft gar nicht oder nur fünf Stunden schlafen. Meine Ärztin war der Auffassung, dass ich, sobald meine Depression überwunden wäre, auch wieder zum normalen Schlaf zurückfinden würde.

Sie war sehr nett und nahm sich wirklich oft und lange Zeit für mich. Ich bat meinen Mann, einen schönen Blumenstrauß für sie und Pralinen für das Pflegepersonal zu kaufen. Ich wollte ein bisschen zurückgeben.

Ich war sehr froh, diese Klink gefunden zu haben, und fühlte mich dort bestens aufgehoben. In den anderen Kliniken konnte mir nicht geholfen werden und ich fühlte mich auch immer sehr unwohl und falsch verstanden. Nun war ich wirklich in der richtigen Klinik. Und ich glaubte daran, dass mir hier geholfen wird. Sie gaben sich alle Mühe und jeder Patient wurde mit Respekt behandelt. Das sollte im Idealfall überall so sein, aber ich hatte in anderen Kliniken schon erlebt, dass mit mir und anderen nicht respektvoll umgegangen wurde. Ich fragte mich dann, was das Personal wohl von uns hielt. Vielleicht dachten sie: Die sind nicht normal oder die simulieren nur. Natürlich war es nur in Ausnahmefällen so, aber es kam vor. Ich konnte mich dann nie zur Wehr setzen, weil ich durch meine Ängste und Depressionen sehr eingeschüchtert war. Außerdem fehlte mir jegliche Kraft dazu.

Nun gut, jetzt hatte ich die ideale Klinik für mich gefunden.

Eines Abends bekam ich fürchterliche Bauchschmerzen und starke Krämpfe. Ich ging zur Schwester und sie rief einen Arzt von einer anderen Station, weil meine Ärztin nicht mehr im Haus war. Der Arzt befragte mich über meine Schmerzen und tastete meinen Bauch ab. Er hatte den Verdacht auf Gallenkolik und fragte, ob ich Gallensteine habe. Ich wusste es aber nicht. Der Arzt verordnete Zäpfchen, die sehr schnell helfen sollten, indem sie die Bauchkrämpfe auflösen. Sollte ich am Morgen weiterhin diese Beschwerden haben, dann würde ich zum Ultraschall angemeldet, sagte er.

Ich konnte die ganze Nacht nicht schlafen, die Schmerzen ließen nur langsam nach und ich bekam erst mal drei Zäpfchen in der Nacht.

Am Morgen musste ich mich übergeben und fragte nach, wann ich zum Ultraschall gehen könne. Ich wurde dann sofort untersucht und man entdeckte zwei große und jede Menge kleinerer Gallensteine. Aber die Schmerzen waren fast weg und ich nahm noch für zwei Tage die Zäpfchen ein. Ich entschloss mich dazu, mich operieren zu lassen, sobald ich entlassen werde. Ich wollte erst psychisch wieder gesund sein und dann die Operation machen lassen.

Mit meiner Zimmernachbarin Caroline verstand ich mich sehr gut. Sie war schon zum dritten Mal in dieser Klinik und erhoffte sich nun endlich eine Besserung. Sie litt an einer besonders hartnäckigen Depression und hatte schon viele Medikamente bekommen. Leider hatte ihr bislang keines geholfen. Nun schlug man ihr die Elektrokrampftherapie vor.

Dabei wird man in Narkose versetzt und es werden mithilfe von Elektroden Stromstöße in das Gehirn geleitet. Danach kann man wieder ganz normal aufstehen. Caroline sah dies als letzte Chance der Behandlung an. Sie bekam diese Elektrokrampftherapie jeden zweiten Tag. Aber leider stellte sich auch nach zwei Wochen keine Besserung ein. Sie tat mir unendlich leid. Die Ärzte konnten keine neue Therapie mehr anwenden und schickten Caroline nach vier Monaten erfolgloser Behandlung nach Hause.

Zwei Tage später war sie wieder da. Sie hatte versucht, sich das Leben zu nehmen. Caroline hatte viele Schlaftabletten genommen und dazu Wein getrunken. Sie konnte das alles einfach nicht mehr ertragen und sah keinen anderen Ausweg. Zum Glück fand ihr Mann sie rechtzeitig und brachte sie zurück in die Klinik. Dort wurde sie erst mal in einem Einzelzimmer untergebracht, damit sie sich wieder erholen konnte.

Sie saß oft im Aufenthaltsraum und weinte bitterlich. Ich erzählte ihr ganz ausführlich, was mir widerfahren war. Sie war sehr erschüttert über meine Krankheitsgeschichte. Ich sagte ihr, dass ich die Depression ausgehalten hatte, aber die Psychose sei viel, viel schlimmer für mich gewesen.

Wir trösteten uns einfach gemeinsam und ich war froh, dass sie da war.

Mein Mann kam fast jeden Tag zu Besuch und brachte mir immer viel Obst mit. Ich sollte genügend Vitamine zu mir nehmen, da es in der Klink nur wenig vitaminreiches Essen gab. Es war einfach sehr schön, wenn er da war. Ich konnte spüren, wie sehr er mich liebte.

Wir saßen dann oft am Tisch, tranken Kaffee oder Tee und sprachen davon, wie es sein wird, wenn ich wieder gesund bin.

Langsam kam der November und ich war schon mehrere Wochen im Krankenhaus. Eines Morgens wachte ich auf und ging ins Bad. Ich schaute in den Spiegel und dachte mir, dass es schön wäre, wenn ich meine Perlenohrringe hätte. Ich rief meinen Mann an und bat ihn, meine Ohrringe und meine schöne Kette mitzubringen. Das tat er dann auch.

Als ich den Schmuck angelegt hatte, gefiel es mir. Ich sagte zu meinem Mann, dass ich ja gar nichts mehr zum Anziehen hätte. Er schlug vor, mir einige Sachen zu kaufen. Schnell schrieben wir meine Größen auf und ich war gespannt, was er mir kaufen würde. Meinem Mann fiel sofort meine Veränderung auf. Er sagte zu mir: »Schatz, wenn du wieder Interesse an deinem Äußeren hast, ist das ein großer Fortschritt.«

Ja, er hatte damit recht. Noch zwei Tage zuvor hätte ich das alles abgelehnt. Ich war selbst so glücklich darüber, dass ich es kaum in Worte fassen konnte.

Am nächsten Morgen war Visite und ich erzählte diese Veränderung den Ärzten. Sie freuten sich mit mir und sagten, dass ich aber alles behutsam angehen lassen sollte.

Ich konnte jetzt auch viel klarer denken. Diese furchtbare Traurigkeit und die Schwere meines Körpers waren plötzlich weg. Ich hatte selbst nicht mehr daran geglaubt, dass ich mich jemals wieder besser fühlen könnte.

Mein Mann freute sich sehr und kam mit zwei großen Tüten an. Ich war sehr gespannt, was er mir gekauft hatte. Schnell packte ich aus und probierte alle Sachen hintereinander an. Es passte nicht alles, aber was passte, gefiel mir auch. Ich drückte meinen Mann liebevoll und dankte ihm für alles, was er für mich tat.

Jeden Freitag hatten wir um 15 Uhr eine Kaffeetafel. Daran nahmen alle Ärzte, Patienten sowie Therapeuten teil. Die Patienten in der Backgruppe bereiteten sehr leckere Kuchen und Torten vor. Ich muss zugeben, ich bin keine Kuchenesserin, aber ich probierte dann doch mal ein Stück.

Eines Freitags fehlte ein Patient in der Gruppe. Es war Thomas, der nicht auffindbar war. Zuerst machten wir uns keine Sorgen um ihn, weil in seinem Zimmer nichts fehlte. Seine Kamera, sein PC und sein Handy lagen auf seinem Bett. Erst gegen Abend rief ein Pfleger die Polizei an.

Thomas war nicht freiwillig in der Klinik, er wurde sozusagen zwangseingewiesen. Er machte auch bei keiner Therapie mit und verweigerte Medikamente.

Langsam machten sich alle Sorgen um ihn, auch weil er Diabetiker war und immer abends Insulin bekam. Die Polizei bemühte sich, Thomas zu finden. Es würde ihm ohne Insulin bald sehr schlecht gehen, das wussten wir. Bei Unterzuckerung könnte er sogar ins Koma fallen.

Am nächsten Morgen hatten sie ihn noch nicht gefunden und sie nahmen an, dass er gar nicht in Berlin sei. Somit weitete die Polizei die Suche auf ganz Deutschland aus.

Zwei Tage später kam dann ein Anruf aus einem Krankenhaus in Hamburg. Thomas' Schwester wohnte in Hamburg und er war mit dem Zug zu ihr gefahren. Es ging ihm aber so schlecht, dass die Schwester ihn in ein Krankenhaus brachte.

Am nächsten Tag war Thomas wieder bei uns und wir waren froh, dass nichts Schlimmeres passiert war. Sein Verhalten änderte er aber trotz allem nicht. Jegliche Therapie lehnte er ab. Wir erfuhren aber nie, warum er zwangsweise in der Psychiatrie war.

Nun war es kurz vor dem ersten Advent. Wir bastelten verschiedene Sachen für Adventsgestecke. Mir machte das richtig Spaß. Ich freute mich schon auf die besinnliche Adventszeit. Unser Aufenthaltsraum wurde wunderschön ausgeschmückt.

Kurz vor Heiligabend sollte dann der Tannenbaum aufgestellt werden. Ich freute mich jetzt über jeden neuen Tag, an dem ich aufwachte und mich gut fühlte. Ich sagte zu meiner Ärztin, dass ich so froh wäre, wenn dieser Zustand ein ganzes Jahr anhalten würde. Sie antwortete darauf, dass ich mich viele Jahre gut fühlen werde, aber die Medikamente müsste ich ein Leben lang einnehmen. Nach einer so schweren Psychose und Depression wäre ich ohne Medikamente gefährdet, erneut schwer krank zu werden. Ich sagte ihr, dass ich die Medikamente immer einnehmen werde, weil ich so etwas nicht noch mal durchmachen wolle.

Ich nehme jetzt, sieben Jahre später, immer noch die Antidepressiva und das Psychopharmakon ein. Einen richtigen Rückfall habe ich in dieser Zeit nur einmal erlebt, trotz der Medikamente.

Am Samstag vor dem ersten Advent übernachtete ich zu Hause. Ich hatte übers Wochenende Ausgang bekommen und war sehr aufgeregt, da ich schon einige Zeit nicht mehr in unserer Dachgeschosswohnung gewesen war.

Mein Mann holte mich von der Klinik ab. Wir fuhren nicht gleich zu unserer Wohnung, sondern hielten an einem Park. Die Luft war schön frisch und die Sonne schien. Wir unternahmen einen kleinen Spaziergang und tranken einen Kaffee. Ich genoss es regelrecht, im Café zu sitzen und meine Tasse ganz normal halten zu können. Als wir das letzte Mal im Café saßen, zitterten meine Hände stark. Jetzt war ich sehr erleichtert.

Zu Hause hatte mein Mann alles schön adventlich ausgeschmückt. Wir wollten zusammen etwas kochen, hörten klassische Musik und in mir kam Weihnachtsstimmung auf.

Ich nahm meinen Mann ganz fest in den Arm und sagte ihm, dass ich ihn sehr liebe. Er sagte nur: »Was denkst du, wie sehr ich dich liebe.«

Wir machten die erste Kerze auf dem Adventsgesteck an und schauten nach dem Essen ganz entspannt einen Weihnachtsfilm.

Gegen 22 Uhr wurde ich dann sehr müde. Das war auch die Zeit der Tablettenausgabe in der Klinik. Ich ging ins Bad und nahm meine Medikamente ein. In dieser Nacht schlief ich wunderbar. Ich wurde nur einmal wach, konnte aber wieder einschlafen.

Bis zehn Uhr morgens blieb ich im Bett. Mein Mann hatte im anderen Zimmer geschlafen. Das wollte ich so, weil ich noch sehr mit meinem Schlafverhalten zu tun hatte. Ich wusste, dass ich bei jeder Bewegung wach werden würde. Mein Schlaf war noch so leicht, dass ich es besser fand, erst mal alleine zu schlafen. Mein Mann hatte damit kein Problem, ihm war nur wichtig, dass ich schlafen konnte.

Als ich in die Küche kam, duftete es herrlich nach frischem Kaffee und aufgebackenen Brötchen. Der Tisch war ganz liebevoll gedeckt. Ich freute mich sehr darüber und dachte nach, wann ich das letzte Mal so gut geschlafen hatte.

Viele Jahre hatte ich mich Nacht für Nacht gequält und keinen Schlaf gefunden. Nun war ich so weit, dass ich wieder zu Hause schlafen konnte. Selbst in der Klink konnte ich schlafen, obwohl noch drei weitere Patientinnen im Zimmer waren.

Wir unterhielten uns angeregt beim Frühstück und hörten leise Musik. Alles war so schön harmonisch.

Ich hatte noch bis abends um 22 Uhr Ausgang und so schlug ich vor, in ein Wiener Kaffeehaus zu gehen. Zuvor kochten wir zusammen und es machte mir richtig Spaß.

Das Kaffeehaus war sehr voll und erst nach langer Wartezeit bekamen wir einen Tisch zugewiesen. Es herrschte dort aber trotzdem eine angenehme Atmosphäre. Wir bestellten uns Kaffee und ich noch einen Eisbecher dazu.

In diesem Kaffeehaus hatte ich meine ersten Übungen mit meiner Therapeutin gemacht. Anfänglich waren die Besuche dort für mich sehr anstrengend gewesen. Nun wollte ich meinem Mann zeigen, dass ich keine Angst mehr hatte, inmitten von vielen Menschen zu sitzen. Meine Hände blieben ganz ruhig und ich war schön entspannt und genoss sozusagen mein zweites Leben.

Gegen 20 Uhr verließen wir das Kaffeehaus und mein Mann brachte mich in die Klinik zurück. Er begleitete mich bis ins Zimmer. Wir verabredeten uns für den nächsten Tag und ich freute mich schon wieder auf ihn.

So langsam kamen die anderen Patienten, die auch Ausgang hatten, zurück und wir hatten alle viel zu erzählen. Als ich im Bett lag, musste ich nicht lange wach bleiben und schlief ein.

Ich war immer die Erste, die am Morgen aufstand. Die anderen Patienten schliefen meist so lange, bis sie geweckt wurden. Ich liebte es, morgens noch Zeit für mich zu haben und in Ruhe duschen zu können. Auch war alles noch so ruhig und nicht hektisch. Ich konnte in Ruhe Kaffee trinken und in die Tageszeitung schauen.

Ich stand immer gegen sechs Uhr auf und das Frühstück stand schon um sieben Uhr bereit. So konnte ich auch in Ruhe essen. Ich brauchte das regelrecht, so früh am Morgen Zeitung zu lesen und dabei frischen Kaffee zu trinken.

Mit meinen Zimmergenossinnen verstand ich mich gut, aber trotzdem wollte ich auch mal für mich sein. Privatsphäre gab es sozusagen nicht. Man war 24 Stunden immer zusammen. Deshalb war mir der Morgen so wichtig.

Nun war der 24. Dezember gekommen und wir freuten uns auf die Weihnachtsfeier. Meine Mitpatientinnen wollten alle gut aussehen. Es wurden Kleidungsstücke anprobiert und die Nägel und Haare gemacht. Mir wurden die Haare getönt und geföhnt, ich sah gut aus und schminkte mich sogar ein bisschen.

Die Weihnachtsfeier war sehr festlich und Patienten trugen Gedichte vor. Es gab auch Kaffee, Kuchen und Stollen. Dazu spielte eine weihnachtliche Musik. Auch Geschichten rund um das Fest wurden vorgelesen. Die Patienten hatten alles organisiert, sodass es eine sehr schöne Feier wurde. Ich wollte früh ins Bett gehen, aber meine Mitpatientin Anna drängte mich dazu, mit ihr noch wach zu bleiben.

Wir gingen ins Raucherhäuschen und rauchten genussvoll unsere Zigarette. Dann packte Anna Sekt aus und ich sagte zu ihr, dass das doch verboten sei. Ich nahm keinen Schluck davon, aber mich störte es nicht, dass sie ihren Sekt trank.

Am ersten Weihnachtsfeiertag war erst mal Ausschlafen angesagt. Ich schlief sogar bis sieben Uhr, was für mich völlig neu war. Ein sehr schönes Frühstücksbuffet erwartete uns. Die Klink hatte sich das etwas kosten lassen und wir unterhielten uns alle sehr angeregt. Der Baum war geschmückt mit blauen Kugeln und silbernem Lametta. Es strahlte alles in diesem Raum und ich fühlte mich sehr wohl. Ich dachte so bei mir: Sollte es mir wieder schlechter gehen, werde ich nur hierherkommen und nicht in eine andere Klinik gehen.

Während des Frühstücks kam der Oberarzt und meinte zu mir, ich hätte bei der gestrigen Feier fantastisch ausgesehen. Ich bedankte mich bei ihm und sagte, dass dies nur mit Hilfe der Klinik möglich wurde. Nirgends wurde mir so gut geholfen wie hier.

Heute befindet sich diese Klinik leider an einem anderen Ort. Sie ist in einen größeren Komplex umgezogen. Das Gebäude wurde zu einem Flüchtlingsheim umgebaut. Jetzt wohnen wohl 600 Flüchtlinge dort. So hat der Gebäudekomplex einen neuen Sinn erhalten.

Für mich war diese Klinik ideal, und ein wenig traurig bin ich schon, dass sie umgezogen ist. Es wurden dort auch Elektrokrampftherapien durchgeführt, die ich mir als letzten Schritt vorbehalten habe.

Ich war zuvor in sieben anderen Kliniken und alle konnten mir nicht helfen. Natürlich habe ich große Angst davor, dass sich mein Zustand wieder verschlechtern könnte. Dann müsste ich in eine Klinik gehen, die näher an meinem Wohnort liegt, so schreibt es die gesetzliche Krankenkasse vor.

Aber auch sieben Jahre später geht es mir noch gut, sodass ich angefangen habe, dieses Buch zu schreiben.

Am 12. Februar 2009 wurde ich nach über drei Monaten entlassen. Die Ärzte waren der Meinung, dass ich nun alles alleine meistern werde. Ich war noch sehr unsicher, aber auch ein bisschen froh, nach Hause zu kommen.

Mein Mann holte mich ab und brachte Blumen und Pralinen für die Ärzte und Schwestern mit. Alle winkten mir zu, als ich mit meinen Taschen ging. Ich glaubte schon, dass mich alle ein bisschen vermissen würden.

Wir fuhren nicht gleich nach Hause, sondern gingen noch im Park spazieren. Ich fühlte mich enorm befreit und wollte jetzt wieder das Leben genießen. Allerdings stand mir noch die Gallenblasenoperation bevor.

Ich klärte alles mit dem Krankenhaus ab und machte einen Operationstermin aus. Schon eine Woche später sollte ich operiert werden. Es war sehr wichtig, dass ich mich schnell zur Operation entschied, weil ich nicht noch mal eine Gallenkolik erleiden wollte.

Einen Tag vor der Operation fuhren wir früh ins Krankenhaus. Ich kam sehr schnell auf die Station und wurde untersucht. Es wurden zwei sehr große Gallensteine festgestellt und meine Gallenblase sollte komplett entfernt werden. Ich war damit einverstanden.

Am nächsten Morgen bekam ich ein OP-Nachthemd und einen Trunk zur Beruhigung. Der Trunk wirkte schon bald und ich hatte keine Angst. Nach nur 30 Minuten wurde ich zur Operation abgeholt.

Als ich wieder erwachte, fragte mich die Schwester, ob ich Schmerzen hätte. Ich verneinte und wurde dann auf mein Zimmer gebracht.

Dort wartete schon mein Mann und ich fragte ihn: »Gibt es keinen Kaffee hier?« Er lachte und sagte, dazu müssten wir in die Cafeteria gehen. Ich war zwar noch ein bisschen blass, aber ich wollte gerne einen Kaffee. Also stand ich auf und zog mir den Bademantel über.

In der Cafeteria trank ich einen Kaffee und bekam Appetit auf einen Salat. Es gab eine sehr gute Salatbar, und wenn ich nicht auf der Station mein Essen bekommen hätte, dann hätte ich mir gerne mal wieder Spaghetti bestellt. Aber auch mein Salatteller war schmackhaft und ich freute mich mit meinem Mann, dass es mir so gut ging.

Vor der Operation hatte ich Tabletten eingenommen, die verhindern sollten, dass ich durch die Narkose erneut eine Psychose erlitt. Alles verlief reibungslos und ich war meine Gallensteine wieder los.

Nach nur drei Tagen wurde ich entlassen. Mein Mann holte mich ab und ich wünschte mir, asiatisch essen zu gehen. Ich konnte zwar immer noch nicht mit Stäbchen essen, aber was ich aß, schmeckte sehr gut.

Ich hatte danach sogar noch Lust, spazieren zu gehen, und so fuhren wir in den Wald bis nach Wandlitz. Dort fing es an, dass ich mich schlecht fühlte und sofort zurück in die Wohnung wollte.

An einem anderen Tag ging es mir wieder sehr gut und ich genoss unseren Spaziergang. Wir gingen an den See und setzten uns auf eine Bank. Mein Mann nahm mich in den Arm und wir waren einfach glücklich in diesem Moment. Ich hatte wieder Freude am Leben und meine Gallensteine war ich auch los.

Am Wochenende machten wir einen Ausflug nach Wandlitz in Brandenburg, und diesmal blieben wir eine Nacht im Hotel. Ich konnte mein Glück kaum fassen und wir strahlten beide um die Wette. Wir aßen Maischolle und Gurkensalat und genossen die Sonnenstrahlen auf der Hotelterrasse. Ich wollte, dass diese schönen Stunden nie vorbeigehen.

Wir fuhren am nächsten Tag nach Berlin zurück und ich beschloss, wieder bei meinen Eltern zu wohnen. Sie freuten sich sehr, mich zu sehen. Ich wusste, dass ich nun für eine längere Zeit bei ihnen bleiben würde. Mein Mann konnte nur am Wochenende kommen, aber wir telefonierten jeden Tag.

Ich konnte jetzt endlich wieder meine Eltern unterstützen, den Haushalt machen und auch einkaufen. Vor dem Klinikaufenthalt hatte ich nur im Bett in meinem Zimmer gelegen und den ganzen Tag geweint. Die Antidepressiva hatten mir mein altes Leben zurückgegeben. Ich war einfach glücklich, so wie es jetzt war.

Nur einmal ging es mir wieder sehr schlecht und ich hatte furchtbare Angst, dass ich erneut an Depressionen erkranke. Mein Mann und ich fuhren in einen Park und wollten danach in ein Reisebüro gehen, um eventuell nach einer Reise zu schauen. Plötzlich wurde mir ganz schwindlig und ich musste mich an einer Mauer festhalten. Alles drehte sich in meinem Kopf, und da war wieder dieses schreckliche Gefühl der Depression. Diese Ohnmacht war wieder da. Wir beschlossen, sofort zurückzufahren.

Ich saß bei meinen Eltern regungslos im Sessel und weinte bitterlich. Ich konnte es nicht fassen. Sollten es nur drei Monate ohne Depression gewesen sein? Wir hatten alle Angst, aber ich am meisten. Ich beschloss, mich hinzulegen und abzuwarten. Sehr zeitig schlief ich ein und wurde die ganze Nacht nicht ein einziges Mal wach.

Am Morgen öffnete ich meine Augen und sah, dass es

schon neun Uhr war. Ich hatte sehr gut geschlafen. Ganz langsam stand ich auf und merkte, dass alles in meinem Kopf wieder normal war. Das irritierende Gefühl von gestern war verschwunden. Ich umarmte meine Eltern und sagte, es sei alles wieder gut und sie sollen sich keine Sorgen machen.

Woher das kam, dass es mir wieder schlecht ging, weiß ich nicht. Denn meine Medikamente hatte ich immer nach Vorschrift eingenommen. Aber so etwas wiederholte sich zum Glück nicht noch mal.

Es kam der Juni 2009, ich genoss die Sonne und das schöne Wetter. Ich konnte wieder draußen im Garten sitzen und ein Buch lesen. Vorher hätten mich das schöne Wetter und ein Buch überhaupt nicht interessiert. Nun hatte ich wieder viel Freude am Leben. Oft fuhr ich ins Einkaufszentrum, um mir schöne Sachen zu kaufen und einfach mal einen Kaffee zu trinken. Es gab dort eine ganz tolle Eisdiele, die ich gern besuchte. Ich machte alles, worauf ich acht Jahre lang verzichten musste, und war oft Stunden unterwegs. Ich wollte acht Jahre Leben nachholen.

Der Sommer 2009 war sehr warm und meine Eltern und ich saßen viel im Garten. Meinem Papa ging es nicht gut, aber wir konnten zumindest schöne klassische Musik zusammen hören. Da mein Papa Opernsänger war, lebte er mit der klassischen Musik. Leider konnte er durch seine Erkrankung nicht mehr an der Oper tätig sein. Aber wir hörten gemeinsam Klassik und konnten viel über diese Musik sprechen. Es gab uns beiden sehr viel, uns über Opern zu unterhalten.

Mein Papa war noch zur DDR-Zeit in Japan, Spanien,

der BRD, der Schweiz und in vielen anderen Ländern unterwegs gewesen. Durch seinen Beruf hatte er einiges erlebt und konnte uns immer viel erzählen. Oft fragte ich ihn, wie es damals in Japan war und wie die Opern dort aufgenommen wurden. Er meinte, die Japaner seien sehr begeistert gewesen von Wagner und auch von Verdi. Sie applaudierten dem gesamten Ensemble minutenlang. Mein lieber Papa zehrte sehr von diesen Erinnerungen, weil für ihn damit Lebensfreude verbunden war. Diese Lebensfreude hatte er leider nicht mehr, aber wie gesagt, er lebte mit diesen Erinnerungen.

In manchen Nächten konnte ich gar nicht schlafen und hatte die Befürchtung, dass wieder eine Depression im Anmarsch sei. Ich war ja nicht gesund, nur mit meinen Medikamenten und der Psychotherapie konnte ich ein halbwegs normales Leben führen. Aber immer blieb diese spezielle Angst, dass es mir wieder so schlecht gehen könnte wie in den vielen Jahren zuvor.

In einer Nacht hatte ich ein verstörendes Erlebnis. Ich wohnte mittlerweile wieder in unserer Dachgeschosswohnung. Am Abend ging ich wie immer in mein Bett und schlief ein. Plötzlich hörte ich mitten im Schlaf eine Stimme, die meinen Namen sagte. Es war eine Frauenstimme, sehr barsch und sehr laut. Ich erwachte vollkommen durchgeschwitzt und wartete erst mal ab, ob ich noch mehr hören würde. Aber es war nur diese eine strenge Stimme, die meinen Namen sagte.

Ich versuchte mich zu beruhigen und weckte meinen Mann. Er meinte, dass ich das vielleicht nur geträumt hätte. Aber ich schwor ihm, dass ich diese Stimme ganz deutlich gehört hatte.

Am nächsten Morgen rief ich meinen Psychiater an, der mich aber abservierte und meinte, so was könne bei Patienten mit Psychose mal vorkommen. Gut, ein Trost war das jetzt auch nicht.

Die nächsten Tage war ich sehr beunruhigt. Ich stellte mir immer wieder vor, dass ich erneut an einer Psychose litt. Ich machte mich regelrecht nervös mit meiner Angst. Kein Tag verging, an dem ich nicht alles hinterfragte.

Ich hatte erst seit Kurzem einen Computer und surfte viel im Internet, um alles über die ersten Symptome einer Psychose zu erfahren. Zwar hatte ich drei Mal eine Psychose erlitten, aber jedes Mal fing sie anders an. Deshalb wollte ich alles lesen, was darüber zu finden war. Niemals wieder wollte ich das erleben, was ich erlebt hatte.

Als ich die Psychose überstanden hatte, fühlte ich mich, als ob ich zurück aus der Hölle wäre. Ich wünsche niemandem eine solche Erkrankung, es kann tödlich enden.

Nun kam noch ein anderes Problem hinzu. Seit ich das Antipsychotikum einnahm, nahm ich sehr an Gewicht zu. Ich war mit einem Gewicht von knapp 67 Kilogramm in die Klinik gegangen und nach nur drei Monaten mit fast 81 Kilo entlassen worden. Danach nahm ich weiter zu und wog nun 85 Kilo. Fürchterlich war das für mich, weil ich jetzt umso mehr eingeschränkt war. Ich schwitzte sehr schnell und konnte mir kaum noch meine Schuhe zumachen.

Ich beschloss, den Kilos den Kampf anzusagen. In der Apotheke gab es zahlreiche Mittel, um Gewicht zu reduzieren, und ich kaufte munter drauflos. Ich versuchte als Erstes eine Nahrungsergänzung, bei der zwei Mahlzeiten pro Tag durch Getränke ersetzt wurden. Dies probierte ich vier Wochen lang, aber nicht ein Pfund verlor ich.

Dann nahm ich Tabletten. Jeden Tag davon drei Stück. Das funktionierte auch nicht. Ich nahm nicht ein einziges Kilo ab und war total verzweifelt. Was konnte ich jetzt noch tun?

Ich beschloss, sehr viel Wasser zu trinken, weil man dann wohl weniger Hunger hat. Tatsächlich, so ein, zwei Kilo wurde ich leichter. Aber der große Erfolg blieb einfach aus. Was konnte ich jetzt noch tun?

Nur ein Medikamentenwechsel würde eventuell zu Erfolgen führen. Aber ich war gerade stabil und wollte das nicht aufs Spiel setzen. Es wurde mir schon vorher angeraten, die Medikamente umzustellen. Doch ich wollte keine Experimente, dafür hatte ich zu sehr gelitten.

Sport konnte ich wegen meiner Beinverletzungen nur begrenzt machen. Ich hatte immer wieder Schmerzen in meinen Beinen und musste dann mit dem Sport oft aussetzen. Ich fand mich viel zu dick und mein Gewicht schränkte mich schon ein. Aber ich ernährte mich gesund und langsam akzeptierte ich, dass ich nun mal so bin, wie ich bin.

Das Jahr 2010 fing für mich nicht gut an. Ich hatte schwere Schlafstörungen und für gar nichts Interesse.

Ich wusste nicht, warum, weil ich doch alle Medikamente so einnahm, wie ich sie in der Klinik erhalten hatte. Ich rief meinen Psychiater an und er meinte, dass eine Psychotherapie mir vielleicht helfen würde. Ich willigte ein und er beantragte für mich eine Therapie für 25 Sitzungen.

Ich konnte scheinbar das Erlebte einfach nicht verarbeiten. Es war zu schrecklich, was ich durchmachen musste.

Außerdem hatte ich ständig Schmerzen und konnte ohne Schmerzmittel nicht auskommen. Mein Orthopäde wunderte sich schon lange, dass ich überhaupt noch laufen kann. Meine Knochen waren schief und krumm zusammengewachsen. Der Orthopäde sagte mir: »In einem Jahr benötigen Sie ein künstliches Kniegelenk.« Ich antwortete ihm: »Solange ich laufen kann, möchte ich eine solche Operation nicht.«

Jetzt sind schon sechs Jahre vergangen und ich kann immer noch laufen. Wenn es mal gar nicht mehr geht, dann habe ich ja noch die Option zur Operation.

Nach der sechsten Psychotherapiesitzung fühlte ich mich weiterhin schlapp und ohne Interesse an irgendwelchen Dingen. Früher hatte ich Bücher regelrecht verschlungen, seit meinem Unfall hatte sich das aber stark verändert. Ja, ich betone es noch mal: Es war ein Unfall. Ich wollte mich nicht umbringen. Ich hatte eine Psychose mit Wahnvorstellungen erlitten. Niemals hätte ich meine Familie verlassen wollen. Zuvor hatte ich eine schwere Depression und zu keinem Zeitpunkt hatte ich während der Depression Suizidgedanken.

Statistisch gesehen erkrankt jeder Dritte einmal im Leben an einer Depression. Männer scheuen sich eher, sich zu dieser Krankheit zu bekennen. Ich vermute mal, dass sich mehr Männer als Frauen das Leben nehmen. Man hört ja immer wieder von Prominenten, die depressiv waren und sich auf tragische Art und Weise das Leben genommen haben. Es ist eine ernstzunehmende Krankheit, die oft tödlich endet.

Ich war in mehreren Kliniken und oft für viele Monate. Ich hatte den Eindruck, dass dort mehr Männer als Frauen in Behandlung waren. Die Behandlungspläne unterschieden sich kaum. Aber mir fiel auf, dass Männer schneller entlassen wurden als Frauen.

Die Psychotherapie verbesserte meinen Zustand nicht. Nach acht Sitzungen meinte mein Arzt, ich müsse noch Geduld haben.

Mehrere Male musste ich die Therapiesitzung absagen, weil mir einfach die Kraft fehlte, dort hinzugehen. Ich hatte schon so viel Geduld gehabt und wollte endlich wieder leben. Meine Familie, insbesondere mein Mann, unterstützte mich, wo es nur ging. Sie gaben mir Halt und Kraft, nicht aufzugeben. Ich liebe meinen Mann so sehr, ich kann ihm gar nicht genug danken.

Ich versuchte es weiterhin mit den Therapiesitzungen. Es gab Augenblicke, in denen es mir besser ging. Aber immer nur ganz kurz. In solchen Momenten hatte ich Pläne für einen Urlaub und wollte generell aktiver werden. Aber danach war es wieder vorbei. Insgesamt halfen mir die Sitzungen nur bedingt und ich wollte dann auch keine Verlängerung mehr beantragen.

Trotzdem fühlte ich mich allmählich besser und konnte wieder Dinge erledigen. Scheinbar hat das Zusammenspiel von Psychotherapie und Antidepressiva doch etwas Positives bewirkt.

Im Sommer 2010 konnte ich ins Museum gehen und Ausstellungen besuchen. Ich fuhr auch sehr oft in ein Einkaufszentrum und gönnte mir einen Kaffee auf der Terrasse. Es war befreiend, mich endlich wieder besser zu fühlen. Ich wollte so vieles unternehmen und alles nachholen, was ich in meinen kranken Phasen einfach nicht tun konnte.

Mein Papa machte mir große Sorgen. Er fiel jetzt oft hin und wir konnten uns nicht erklären, warum. Wir gingen mit ihm zum Arzt, aber das brachte nichts. Leider wussten wir damals noch nicht, dass wir sofort zum Urologen hätten gehen müssen. Aber dazu dann später.

Mittlerweile wohnte ich wieder ganz bei meinen Eltern. Ich hatte dort ein großes Zimmer für mich und vieles war noch so wie vor 30 Jahren eingerichtet. Ich liebte gerade dieses alte Mobiliar.

Mein Mann wohnte jetzt nur fünf Minuten von meinen Eltern entfernt und wir sahen uns fast täglich. Wir hatten unsere Dachgeschosswohnung aufgegeben und waren Anfang 2010 umgezogen. Ich war so froh, dass wir die alte Gegend verlassen hatten, da ich damit sehr schlechte Erinnerungen verband. Außerdem lag die Wohnung fünf Teppen hoch und es gab keinen Aufzug. Im Sommer war es unterm Dach unerträglich heiß.

Mein Mann und ich hatten seit meiner Erkrankung meist getrennt geschlafen, weil ich sofort wach wurde, wenn er aufstand, um zur Toilette zu gehen. Ich hatte einen sehr leichten Schlaf und konnte oft nur mit Schlaftablette schlafen. Auch deshalb war es eine sehr gute Lösung, dass ich wieder bei meinen Eltern einzog. Ich konnte ihnen helfen und sie halfen mir, wo sie nur konnten.

Natürlich konnte mein Papa mir nicht mehr viel helfen, dafür war er selbst zu krank. Aber wenn ich ihm vom Bäcker Kuchen mitbrachte und ihm eine Tasse Kaffee reichte, freute er sich riesig. Ich hatte Glück mit meinen Eltern und mit meinem Mann, die mir so viel Liebe und Unterstützung gaben.

Ich fing an, mir wieder Bücher zu kaufen, und versorgte auch meine Mutti mit Lesestoff. Oft saßen wir zusammen und unterhielten uns über unsere Bücher. Ich las am liebsten Biographien und suchte sie gezielt aus. Meine Mutti liebte Romane und auch Biographien.

2011 zog endlich auch meine Schwester wieder nach Berlin. Vorher hatte sie in Dubai und auf Mallorca gelebt.

Nun wohnte sie in Charlottenburg und wir hatten viel Zeit für uns. Wir trafen uns regelmäßig und ich blieb manchmal über Nacht bei ihr. Viele Jahre hatten wir uns nicht gesehen, weil ich in der Klinik war und sie im Ausland. Nun konnten wir Schwestern endlich wieder zusammen sein.

Ich musste meiner Schwester jetzt seelisch Kraft geben, weil ihr Mann sie verlassen hatte und nach Afrika gereist war. Sie sollte ihn nie wiedersehen.

Mir ging es gut und ich war stabil. Ich konnte mittlerweile auch ohne Schlaftabletten schlafen. Kummer machte mir mein Papa, weil wir ihn ins Krankenhaus bringen mussten. Dort wurde festgestellt, dass er an Prostatakrebs erkrankt war. Ein Schock für mich und meine Familie.

Wir mussten mit ihm zum Urologen und dort wurde die Diagnose bestätigt. Es handelte sich um einen Tumor, der nicht mehr zu operieren war. Es war sozusagen ein Todesurteil.

Mir ging es nach dieser Diagnose schlecht, weil ich meinen Papa nicht verlieren wollte. Nach einiger Zeit wurde er ein Pflegefall und lag nur noch im Bett. Dreimal täglich bekam er Morphium gespritzt, aber trotzdem hatte er Schmerzen. Ich saß ganz viel an seinem Bett und unterhielt mich mit ihm. Aber das war schwierig, weil er sich durch das Morphium nicht mehr richtig ausdrücken konnte. Es tat mir so leid und ich musste vor ihm oft meine Tränen unterdrücken. Ich weinte dann, wenn ich alleine war.

Die Zeit rannte uns davon und mein lieber Papa starb an Silvester, am letzten Tag des Jahres 2013.

Ich trauerte sehr um ihn und es ging mir schlecht, ich konnte kaum etwas essen und hatte wieder Schlafprobleme. Aber es waren nicht die Symptome einer Depression.

Meine Familie dachte, dass ich wieder in Depressionen verfallen würde, weil ich ein sehr inniges Verhältnis zu meinem Papa hatte. Ich war selbst erstaunt, dass ich keine Depression bekam.

Die Trauerfeier fand im Januar 2014 statt und ich konnte sogar eine Rede halten. Es dauerte lange, bis ich mich damit abgefunden hatte, dass mein Papa nicht mehr da ist. Aber in meinem Herzen hat er bis heute einen großen Platz.

2014 wurde ich 50 Jahre alt. Wir feierten nicht, weil ich das nicht wollte. Mir ging es zwar nicht schlecht, aber ich fühlte mich plötzlich alt. Außerdem kam ich auch in die Wechseljahre und hatte dadurch Beschwerden. Ich schwitzte sehr stark und spürte eine Unruhe in mir. Aber meine Frauenärztin meinte, das könne auch schnell vorbeigehen. Hormone wollte ich erst mal keine nehmen.

Ich ging alle vier Wochen zu meinem Psychiater, der sich immer Zeit für mich nahm. Da es mir soweit gut ging, verschrieb er mir die Medikamente in derselben Dosierung wie bei Entlassung aus der Klinik. Ich kam mit diesen Medikamenten gut zurecht, nur die starke Gewichtszunahme belastete mich doch sehr.

Im selben Jahr fuhren meine Mutti, meine Geschwister und ich nach Polen, um meine Tante zu besuchen. Es war ein herzliches Wiedersehen nach vielen Jahren. Meine Mutti blieb drei Wochen bei ihrer Schwester und ich glaube, dass sie sich gut verstanden haben und viel zu erzählen hatten. Meine Geschwister und ich fuhren am selben Tag wieder nach Berlin zurück.

Ich unternahm viel und war ständig unterwegs. Auch las ich zu dieser Zeit zahlreiche Bücher. Es ging mir gut. Mein Mann und meine Familie waren glücklich, dass ich wieder Freude am Leben hatte.

Ich traf mich auch mit einer alten Studienfreundin. Wir hatten uns einiges zu erzählen und lachten viel über das, was wir während der Studienzeit erlebt hatten. Allerdings erzählte ich nichts von meiner Depression und natürlich auch nichts über meinen Sturz von der Autobahnbrücke. Das weiß bis heute nur mein Familienkreis.

Das Jahr ging zu Ende und zu Silvester fuhr ich zum Grab meines Papas. Ich zündete eine Kerze an und gedachte seines ersten Todestages. Ich vermisste ihn ganz doll, seinen Humor und seine netten Worte, die er immer zu mir sagte.

Nun hatten wir schon 2015 und das Jahr fing gut an. Leider sollte es nicht so bleiben. Im Juni 2015 erlitt meine Mutti einen leichten Schlaganfall. Zum Glück waren keine schlimmen Langzeitfolgen zu befürchten. Wir waren froh, dass sie nicht gelähmt war. Ihr Zustand war stabil und sie kam schnell in eine Rehaklinik. Der Aufenthalt dort tat ihr gut. Sie erholte sich gut und kam nach drei Wochen wieder nach Hause.

Ich fühlte mich auch wohl und konnte wieder viel unternehmen. Es gab eine Zeit, in der ich es alleine nicht mal bis zur Bushaltestelle geschafft hätte. Mittlerweile war es deutlich besser. Aber im Nacken saß mir immer die Angst, dass die Depression zurückkommen könnte.

Nun nahm ich schon seit fünf Jahren Antidepressiva ein. An keinem Tag vergaß ich meine Medikamente. Ich fragte meinen Psychiater, wie lange ich sie noch einnehmen müsse. Er meinte, dass dies wohl für immer nötig sei. Ich dachte: Gut, wenn dadurch eine Depression verhindert werden kann, dann nehme ich die Medikamente lebenslang ein.

So verging das Jahr 2015 und es gab bei mir gute sowie schlechtere Tage, wie bei jedem anderen Menschen auch.

Im Februar 2016 erlitt meine Mutti leider einen zweiten Schlaganfall. Die Ärzte sagten, es wäre wieder ein leichter und sie würde sich schnell erholen. Erneut kam sie in eine Rehaklinik. Diesmal war ihr sehr stark schwindlig, und das beeinträchtigte sie sehr. Leider ist der Schwindel bis heute geblieben, als Folge des zweiten Schlaganfalls.

Mich nahm das alles stark mit und es folgten viele schlechte Tage, an denen ich, trotz Schlaftablette, nicht schlafen konnte. Meine Mutti verlor ihre Selbstständigkeit und verließ nicht mehr das Grundstück. Alles, was zu erledigen war, machten mein Mann und ich. Das ist bis heute so. Wir hoffen alle, dass meine Mutti keinen dritten Schlaganfall erleiden wird. Ich habe immer große Sorge um sie.

Das war eine große Belastung für mich. Dennoch fühlte ich mich ganz wohl, auch wenn ich immer wieder schlechte Tage erlebte.

An einem warmen Sommertag hielt ich mich im Garten auf und goss die Blumen. Plötzlich wurde mir sehr schwindlig und ich musste mich hinsetzen. Ich kannte dieses Gefühl und befürchtete, dass meine Depression wiederkommen würde. Mir war unbeschreiblich schlecht und ich hatte auf einmal wieder Angstzustände. Meine Mutti war zum Glück im Haus und mein Mann war auch nicht da, sodass es keiner mitbekam.

Ich blieb ungefähr eine halbe Stunde sitzen. Der Schwindel und die Angst verschwanden so schnell, wie sie gekommen waren. Aber mir wurde klar, dass ich jederzeit wieder krank werden könnte, selbst wenn ich Medikamente einnahm.

Ich hielt mich oft im Garten auf und las viel. Ab und zu fuhr ich in ein Einkaufscenter und genoss einen Latte Macchiato oder trank Cappuccino, dieser schmeckte im Café besonders gut. Wenn ich mich mit meiner ehemaligen Kommilitonin traf, gab es immer viel zu erzählen und zu lachen. Wir gingen mal ins Kino und in verschiedene Ausstellungen, zum Beispiel in die Dauerausstellung von Salvador Dalí.

Ich war aber auch oft zu Hause und machte einfach gar nichts. Es gab viele Tage, an denen ich zu nichts Lust hatte, aber es war keine Depression. Ich hatte einfach schlechte Tage, wie sie jeder kennt. Es muss nicht gleich eine Depression im Anmarsch sein, wenn man sich so fühlt. Erst wenn über einen Zeitraum von zwei Wochen tiefe Traurigkeit herrscht, Interessenverlust und Schlafstörungen auftreten, könnte es sich um eine Depression handeln.

Bei mir waren zu dieser Zeit Symptome einer Depression vorhanden und auch körperlich war ich stark eingeschränkt. Mir war schwindlig und meine Beine und Arme waren sehr schwach, wie aus Gummi. Ich war teilweise wie gelähmt und musste mich dann immer hinlegen. Aber das ging zum Glück wieder vorbei.

2016 ging zu Ende und ich kann sagen, dass es ein ganz gutes Jahr war, vor allem gesundheitlich. Ich war schon seit acht Jahren in keiner psychiatrischen Klinik mehr und hoffte, dass es auch so bleiben würde.

Acht Jahre sind eine lange Zeit, meinte auch meine Psychiaterin.

Leider ging es mir dann schon im Januar 2017 wieder schlecht. Ich hatte einen Termin bei meiner Ärztin und wollte es mit Akupunktur versuchen. Sie sagte, wir könnten es probieren, und wir machten einen Termin für die Akupunktur.

Ich lag auf einer Liege und die Ärztin setzte mir an verschiedenen Stellen Nadeln. Dazu machte sie noch entspannende Musik an. 20 Minuten dauerte die Sitzung. Ich vereinbarte gleich einen neuen Termin und fuhr nach Hause.

Bis zum Abend war alles normal, aber als ich im Bett lag, verspürte ich ein Brennen am ganzen Körper. Puls und Blutdruck waren sehr hoch. Hinzu kamen fürchterliche Ängste. Ich befürchtete, dass jetzt erneut eine Psychose ausbrechen würde. Irgendwann konnte ich dann aber einschlafen.

Am nächsten Morgen fühlte ich mich so elend, dass ich gar nicht aufstehen konnte. Alle Symptome der Depression, wie ich sie kannte, waren wieder da. Ich musste fürchterlich weinen und meine Mutti auch. Mein Mann rief an und war sehr besorgt.

Vom Bett aus rief ich in der Praxis an und sagte den

Termin für die Akupunktur ab. Ich erklärte, was mit mir passiert war, und die Schwester gab es an meine Ärztin weiter. Dieser Zustand dauerte einen Tag lang. Am nächsten Morgen war alles wieder normal. Wie durch ein Wunder ging es mir wieder gut.

Aber ich wollte keine Akupunktur mehr durchführen lassen, weil dadurch meine Beschwerden wieder ausgelöst wurden. Ich war überglücklich, dass es mir nach einem Tag wieder gut ging.

Gleich am nächsten Tag fuhr ich zu meiner Ärztin, zwar ohne Termin, aber ich kam dran. Ich schilderte ihr alles genau und sie meinte, ein bisschen Bauchschmerzen hatte sie bei mir auch gehabt. Da ich so viele Medikamente einnehme, war diese Behandlung für mich nicht geeignet.

Aber ich probierte die Lichttherapie aus, die im Winter sehr positiv wirken kann. Mir tat es gut und ich wiederholte sie regelmäßig.

Um meine Mutti machte ich mir immer Sorgen, weil sie nach ihrem Schlaganfall dauernd mit Schwindel zu kämpfen hatte. Ich konnte mit ihr einfach nichts mehr unternehmen. Sie schaute die meiste Zeit Fernsehen. Lesen wollte sie auch nicht mehr, obwohl sie gerne und viel gelesen hatte. Aber ich las ihr oft etwas vor und darüber freute sie sich. Über das Thema »Schlaganfall und Schwindel« druckte ich ihr aus dem Internet einiges aus, und das las sie dann sehr interessiert.

Auch ich informierte mich im Internet über Depression und Psychose. Beide Krankheiten sind schlimm, fast unerträglich, so war es jedenfalls bei mir. Wenn Depression und Psychose zusammen auftreten und man nicht sofort ärztliche Hilfe bekommt, kann das tödlich enden. Mir hätte es fast das Leben gekostet.

Ich las im Internet, dass eine Psychose selbst mit Medikamenten immer wieder auftreten kann, genau wie eine Depression. Und das machte mir an manchen Tagen furchtbare Angst. Alle sagten zu mir, ich solle positiv denken, aber dies fiel mir dann doch oft schwer.

Ich war in den Wechseljahren angekommen und bekam keine Periode mehr. In den Wechseljahren entwickeln manche Frauen Depressionen. Meine Mutti hatte Angst, dass es bei mir auch so sein könnte. Allerdings behielt sie das für sich.

Im April 2017 feierte meine Schwester ihren 60. Geburtstag. Meine Mutti konnte nicht mitkommen, da es zu beschwerlich für sie war, also fuhr ich alleine hin. Wir feierten in einem schicken Restaurant. Mein Onkel, den ich seit dem Tod meines Papas nicht mehr gesehen hatte, war auch dabei. Es erstaunte mich, wie sehr sich ein Mensch innerhalb von vier Jahren verändern kann.

Ich hatte einen weiten Rückweg und verabschiedete mich zeitig. In der S-Bahn bemerkte ich, dass meine Hände anfingen zu zittern. Ein plötzlicher Schweißausbruch überkam mich, die Schweißperlen standen auf meiner Stirn und der Oberlippe. Ich wischte mit einem Taschentuch über mein Gesicht und bemerkte, dass es kalter Schweiß war. Ich bekam solche Angst, dass ich nur die Stationen zählte, bis ich aussteigen konnte.

Endlich hielt die S-Bahn an, ich ging schnell hinaus und rannte fast die Treppen hinunter bis zur Bushaltestelle. Während ich 20 Minuten auf den Bus wartete, versuchte ich, tief ein- und auszuatmen. Ich sagte mir: »Bleibe ruhig, es passiert dir nichts.« Ich hatte eine richtige Panikattacke.

Als ich zu Hause ankam, sagte ich zu meiner Mutti, dass es mir schlecht geht, und legte mich aufs Sofa. Dort machte ich Atemübungen, wie ich es in der Klinik gelernt hatte. Ich atmete tief ein und aus und sagte mir immer wieder, dass mir nichts Schlimmes passieren wird. Nach ungefähr einer Stunde ging es mir allmählich besser, aber das war schon ein Schock für mich.

Am nächsten Tag war wieder alles soweit in Ordnung. Ich fühlte mich zwar nicht sehr gut, aber es ging schon viel besser als am Abend zuvor.

Ich redete mit meinem Mann, der nicht beim Geburtstag dabei war, darüber. Er konnte sich auch nicht erklären, was plötzlich mit mir los war. Wir vereinbarten, dass ich solche weiten Strecken zukünftig nicht mehr mit den öffentlichen Verkehrsmitteln fahren werde.

Nun hatten wir schon Mai und es war noch kühl draußen, aber es schien oft die Sonne. Ich setzte mich gerne in den Garten und ließ die Sonne auf mein Gesicht scheinen. Jetzt brauchte ich nicht mehr zur Lichttherapie zu gehen. Es tat so gut, warme Sonnenstrahlen zu spüren, und ich freute mich auf den kommenden Sommer.

Schon immer fand ich, dass der Mai der schönste Monat des Jahres ist. Es ist nicht zu warm und nicht zu kalt. Außerdem fängt die Natur an zu blühen.

Mein Mann und ich kauften immer Blumen zum Einpflanzen, aber in diesem Jahr waren es besonders viele. Es roch im Garten auch so gut und ich freute mich darüber, dass ich mich wieder um die Pflanzen kümmern konnte.

Nun war die Zeit vorbei, in der ich mich viel im Haus aufgehalten hatte. Ich saß sehr gerne im Garten und las etwas. Dabei sagte ich mir: Jeder Sonnenstrahl bildet Serotonin und Vitamin D, und das ist wichtig. Wenn wir könnten, würden mein Mann und ich die dunkle Jahreszeit am liebsten auf Teneriffa verbringen. Dort sind in den Wintermonaten um die 23 Grad, ideal für uns. Seit meiner Erkrankung sind wir nicht mehr in den Urlaub gefahren. Ich traute mich einfach nicht zu verreisen. Nur kleine Tagesausflüge machten wir ab und zu.

Der Juni kam und es ging mir wieder schlechter. Ich hatte erneut Angstzustände. Schon am frühen Morgen im Bett überkam mich die Angst. Es war ein schlimmes Gefühl, als würde Strom durch den ganzen Körper fließen. Dann musste ich sofort aufstehen. Es war sehr schlimm, ich hatte zittrige Hände und Beine und fing auch an zu schwitzen. Ich ahnte Schlimmes.

Plötzlich kam dieses Gefühl wieder, und ich wusste, dass ich eine Depression bekommen werde. Dieses Gefühl, das mich vollkommen lähmte, kannte ich nur zu gut. Ich erzählte sofort meiner Familie davon. Sie versuchten mich zu beruhigen und sagten, es würde vielleicht nur ein paar Tage anhalten. Aber es ging nicht weg. Ich hatte große Probleme damit, mich zu pflegen. Selbst das Zähneputzen fiel mir schwer. Ich war wieder gefangen und konnte nichts dagegen tun.

Nur mit Mühe konnte mich mein Mann zu meiner Ärztin bringen. Sie meinte, dass nach acht Jahren die Wirkung der Medikamente nachließe. »Wir müssen etwas Neues probieren«, sagte sie.

Zu Hause fiel mir ein, dass ich in einer Klinik eine Patientin kennengelernt hatte, die auch unter schweren Depressionen litt. Sie hatte mehrfach versucht, sich das Leben zu nehmen. Dann bekam sie Lithium und war nach zehn Tagen wie ausgewechselt. Nach nur vier Wochen konnte sie entlassen werden.

Ich grübelte und entschloss mich, dies auch zu versuchen. Meine Ärztin war davon nicht begeistert und wollte die Einstellung nicht ambulant durchführen. Da auch mein Blutbild auffällig schlecht war, gab mir meine Ärztin eine Einweisung in eine psychiatrische Klinik. Ich hatte große Angst davor, aber ich hatte keine andere Wahl, als in ein Krankenhaus zu gehen.

Ich suchte mir eine Klinik aus, die mit Lithium behandelte. Dort musste ich mich auf eine Warteliste setzen lassen. Nach 14 Tagen bekam ich einen Anruf, dass ich am nächsten Tag zur Aufnahme kommen soll. Es war mittlerweile September.

Ich war so aufgeregt und konnte nur mit Hilfe meines Mannes meine Tasche packen. Die ganze Nacht schlief ich nicht und rannte ständig zur Toilette. Ich musste weinen, weil ich nach so langer Zeit wieder richtig krank war.

Wir sollten um neun Uhr in der Aufnahme sein, fuhren aber schon um sechs los. Um sieben waren wir dort und verbrachten zwei Stunden im Auto. Ich sagte meinem Mann, dass mir schlecht sei, aus Angst vor dem, was mich erwarten würde. Er versuchte, mir meine Angst und Unruhe zu nehmen. Aber dagegen halfen auch keine beruhigenden Worte.

Um neun Uhr gingen wir zur Anmeldung. Ich kam in ein Vierbettzimmer. Darin lag eine Frau Mitte 40, die sagte, drei Betten wären noch frei, die anderen beiden würden aber auch bald belegt werden. Ich suchte mir ein Bett am Fenster aus und packte meine Taschen in den Schrank.

Kurz danach kam eine sehr junge Ärztin und wollte mit mir das Aufnahmegespräch führen. Schnell verabschiedete ich mich von meinem Mann und wir verabredeten uns für 17 Uhr am Telefon.

Die Ärztin fragte mich sehr viel und notierte alles. Ich erzählte ihr, dass es mir seit Juni wieder schlecht ging. Jetzt hatten wir September und sie meinte, länger hätte ich nicht warten sollen. Ich erzählte von meiner Psychose und von meiner Depression. Sie konnte sich gar nicht vorstellen, dass ich ein Schädelhirntrauma dritten Grades erlitten hatte. Ich hätte sehr viel Glück gehabt, meinte sie.

Plötzlich ging die Tür auf und ein Oberarzt kam hinzu. Ihm erzählte ich noch mal den leidvollen Werdegang meiner Krankheit. Er wirkte auf mich sehr ruhig und freundlich. Ich fragte ihn direkt nach einer Lithiumtherapie. Er überlegte kurz und meinte darauf, dass dies eine gute Möglichkeit wäre. Wir würden am nächsten Tag mit Lithiumcarbonat anfangen, schlug er vor, und ich willigte ein.

Ich hatte große Hoffnungen und dachte immer an die Patientin, die damit schnell gesund wurde.

Die erste Nacht schlief ich erstaunlich gut. Ich war total erschöpft, denn ich hatte die Nacht davor nicht geschlafen. Ich bekam um acht Uhr früh meine erste Lithiumtablette und dazu noch mein altes Antidepressivum. Das Lithium müsse ich in Verbindung mit dem Antidepressivum einnehmen, erklärte mir die Ärztin. Auch abends um 20 Uhr, also alle zwölf Stunden, bekam ich Lithiumcarbonat. Es war eine große, salzige Tablette, die ich nur schwer schlucken konnte.

Am darauffolgenden Samstag kam mein Mann zu Besuch. Wir hatten uns zwei Tage nicht gesehen und ich hatte schon so viel zu erzählen. Wir gingen in die Cafeteria und mein Mann bestellte sich ein Mittagessen. Ich schaute ihn an und dachte, wie sehr ich ihn doch liebe. Er ist immer für mich da.

Als er aufgegessen hatte, ging ich auf die Station und löffelte meinen Eintopf. Ich beeilte mich, um wieder bei meinem Mann sein zu können. Es ging mir erstaunlich gut. Schon am zweiten Tag der Einnahme war ich überrascht, wie schnell es wirkte. Ich sagte zu meinem Mann: »Wenn es stabil bleibt, bin ich bald wieder aus der Klink raus.«

Nach zwei Stunden verabschiedeten wir uns lieb und verabredeten uns für Sonntag. Ich winkte meinem Mann, als er vom Parkplatz fuhr. Er hatte ungefähr eine Stunde Fahrzeit vor sich.

Zurück im Zimmer legte ich mich aufs Bett. Meine drei Zimmernachbarinnen machten Mittagsschlaf. Mittlerweile waren wir zu viert, eine junge Frau und eine 82-jährige Patientin waren noch hinzugekommen.

Ich konnte nicht einschlafen, zu viel ging mir durch den Kopf. Auf meinem Nachttisch lag der Wochenplan mit meinen Therapien. Am Wochenende war jedoch Freizeit.

Um 14 Uhr gab es schon Kaffee und Kuchen. Ich verschenkte mein Stück an die junge Frau in meinem Zimmer, da ich nicht gerne Kuchen aß, und wir kamen ins Gespräch.

Die 82-jährige Frau unterhielt sich nicht mit uns. Sie hatte auch sehr schwere Depressionen, trank nicht und aß nichts. Sie hatte zuvor zwölf Jahre lang Lithium eingenommen, aber jetzt hatte sie heftiges Muskelzittern. Ich hoffte insgeheim, dass es mich nicht auch mal so treffen würde. Mir tat die alte Dame sehr leid. Ihr Sohn kam jeden Tag. Einmal erzählte er, dass sie das Lithium wegen des Tremors absetzen mussten und dass es ihr noch nie so schlecht ging wie derzeit.

Am Montag absolvierte ich alle Therapien und war am Abend noch recht munter. Ich kaufte mir eine Zeitung am Kiosk, legte mich bequem auf mein Bett und las. Ich fühlte mich wohl und rief meinen Mann an. Ach, wie sehr er sich freute.

In der Nacht schlief ich unruhig und stand schon um vier Uhr auf. Ich ging ins Bad, anschließend in den Aufenthaltsraum und nahm mir einen Tee.

Plötzlich wurde mir schlecht. Ich rannte schnell ins Bad und übergab mich. Ich verstand die Welt nicht mehr. Mir war sehr übel. Zum Frühstück konnte ich nichts essen.

Ich schaffte es an diesem Vormittag gerade so, zu meinen Therapien zu gehen. Am Nachmittag hatte ich Musiktherapie. Auf einmal musste ich dringend zur Toilette und entschuldigte mich. Ich hatte starken Durchfall. Das ging dann mehrere Male so, dass ich zur Toilette rennen musste.

Als ich mir abends eine Tasse Tee holen wollte, zitterten meine Hände so sehr, dass ich den heißen Tee verschüttete. Ich erzählte den Schwestern davon und sie notierten es. Sie sagten, ich solle es am nächsten Tag bei der Visite erzählen. Das tat ich dann auch. Meine Ärztin war der Meinung, dass wir erst mal noch drei Tage abwarten sollten, um zu sehen, wie es sich weiter entwickelt.

Aber die Übelkeit am Morgen blieb und der Durchfall ebenfalls. Das Zittern wurde leider auch nicht besser und ich konnte nicht mal mehr meinen Namen schreiben.

Bei der Visite erzählte ich dem Professor davon. Er meinte, das könne vorübergehend sein. Lithium sei ein gutes Mittel gegen Depressionen und wir sollten noch abwarten.

Leider verbesserte sich nichts. Ich hatte überhaupt keinen Appetit mehr und konnte den ganzen Tag nur einen Joghurt und eine Banane essen. Dadurch nahm ich ab, was mir aber guttat, denn ich hatte Übergewicht. Durch die Medikamente hatte ich, wie gesagt, in den Jahren zuvor sehr zugenommen und dann auch noch Diabetes bekommen.

Der Professor entschied, dass wir ab sofort zu Lithiumsulfat wechseln, weil es selten Durchfälle verursacht. Zudem nahmen sie mir ein Medikament weg, das ich seit acht Jahren einnahm. Sie reduzierten es alle drei Tage.

Dadurch ging es mir noch schlechter. Gegen den Entzug bekam ich ein Neuroleptikum, was mir aber kaum Besserung brachte. Ich war derart unruhig und musste sogar einige Therapien auslassen. Ich lief den Flur auf und ab und versuchte mich zu beruhigen.

Bei einer Therapie hatte ich die progressive Muskelentspannung kennengelernt. Ich versuchte nun, diese Methode anzuwenden, aber ich wurde nicht ruhiger. Die Nächte waren dementsprechend schlecht.

Ich stand morgens immer als Erste auf. Das hatte den Vorteil, dass ich mich in Ruhe duschen konnte. Bei vier Personen war das nicht so einfach.

Meine Durchfälle gingen nicht weg, trotz der Umstellung. Nach 14 Tagen wurde entschieden, mit dem Lithiumsulfat eine Pause zu machen. Ich wollte gar kein Lithium mehr einnehmen. Das Zittern schränkte mich sehr ein. Ich war mir nie sicher, ob ich überhaupt eine Tasse halten konnte.

Ich bekam ein anderes Medikament, das ich auch nicht vertrug. Zwar fragte ich mich, ob es gut sein kann, sofort nach dem Lithium etwas Neues einzunehmen, aber die Ärzte wollten es so.

Es ging mir täglich schlechter und meine Familie, besonders mein lieber Mann, machten sich große Sorgen. Als mein Mann mich besuchen kam, war er entsetzt darüber, wie ich aussah. Auch mein Bruder war erschrocken, welchen Eindruck ich auf ihn machte. Es ging mir schlechter als vor der Einweisung in diese psychiatrische Klinik.

Mittlerweile war ich 17 Tage dort und alles war noch viel schlimmer geworden. Das einzig Positive war, dass ich acht Kilo abgenommen hatte.

Am Morgen bei der Oberarztvisite wurde mir mitgeteilt, dass sie nun auch meine Schlaftablettendosis halbieren wollen, um das Medikament danach ganz abzusetzen. Ich protestierte, weil ich ohnehin so schlecht schlief. Aber am Abend bekam ich tatsächlich nur eine halbe Tablette, mit dem Ergebnis, dass ich nur drei Stunden schlafen konnte. Es war einfach schrecklich und ich verzweifelte.

Ich nahm dann nur noch sporadisch an den Therapien teil. Bei der Tanztherapie musste ich mich zeitweise hinsetzen. Mir war nicht nach Tanzen zumute und ich hatte keine Kraft für Ballspiele.

Zwei Tage später bekam ich abends gar keine Schlaftablette mehr. Und somit schlief ich die ganze Nacht nicht. Die Nachtschwester durfte mir nichts zum Schlafen geben. Ich tat ihr leid, aber ihr waren die Hände gebunden.

Eine Nacht kann sehr lang werden, wenn man nicht schläft. Ich versuchte einige Male einzuschlafen, aber ohne Erfolg. Dann überlegte ich, was ich morgen bei der Visite sagen würde. Ich wollte kein Lithium mehr einnehmen, das stand für mich fest.

Am nächsten Morgen sagte meine Ärztin zu mir, dass wir wieder mit Lithium anfangen werden. Das wollte ich auf gar keinen Fall, doch sie beharrte darauf.

Ich ging nach draußen, setzte mich auf eine Bank und überlegte. Ich kam zu dem Entschluss meinen Aufenthalt abzubrechen. Es ging so nicht weiter.

Ich rief meinen Mann an und erzählte ihm von meiner Entscheidung. Er war derselben Meinung. So konnte es nicht weitergehen. Ich war sehr enttäuscht von meinem Klinikaufenthalt. Ich hatte so viel Hoffnung in das Lithium gesetzt, und nun vertrug ich es überhaupt nicht. Doch die Ärzte wollten davon nicht ablassen. Mir war klar, dass ich einen anderen Weg gehen musste.

Ich hatte schon von einer Methode gehört, die ich nun ausprobieren wollte. Es ist möglich, über einen DNA-Test feststellen zu lassen, welches Antidepressivum für einen Patienten geeignet ist. Dazu wird nur eine kleine Blutprobe benötigt und ein Speziallabor untersucht dann die Gene des Patienten.

Das klang vielversprechend und ich entschloss mich dazu, einen solchen Test machen zu lassen.

Ich bat meine Ärztin darum, mich zu entlassen. Sie verneinte und sagte, dann müsse ich eine Bestätigung unterschreiben, dass ich auf eigenen Wunsch, gegen den Rat der Ärzte, entlassen werden will. Ich machte am nächsten Tag noch die Chefarztvisite mit und unterschrieb dann diesen Zettel.

Der Professor versuchte, mich auch noch umzustimmen, aber für mich kam das nicht mehr infrage.

Mein Mann wartete bereits seit Stunden auf mich und ich rannte zu ihm ins Auto. »Ab nach Hause«, sagte ich zu ihm. Unterwegs kauften wir noch ein und gingen zu McDonald's. Ich hatte riesigen Appetit auf Pommes frites. Schon komisch, in der Klinik hätte ich bestimmt nicht zu Mittag gegessen.

Als wir bei meiner Mutti ankamen, stand sie schon draußen an der Tür. Sie freute sich riesig auf mich, denn wir hatten uns eine Weile nicht gesehen. Sie hatte einen Gemüseeintopf gekocht, aber wir waren noch satt.

Erst mal ging ich unter die Dusche und wusch meine Haare. Ich konnte mich in der Klinik nicht richtig pflegen. Das ist schwierig, wenn man mit vier Personen ein Zimmer teilt. Außerdem wollte ich endlich den Klinikgeruch abwaschen. Ausgiebig genoss ich das warme Wasser und dass niemand mich störte.

Auspacken und Wäsche waschen wollte ich am nächsten Tag. Ich war ziemlich erschöpft, weil ich in den letzten Tagen wenig geschlafen hatte. Ich verabschiedete mich lieb von meinem Mann, legte mich hin und schlief drei Stunden lang.

Als ich wach wurde, war es schon 18 Uhr. Ich hatte zwar keinen Appetit, aber aß trotzdem einen Teller Suppe, weil meine Mutti sich solche Mühe gegeben hatte, obwohl sie selber krank war. Ich erzählte ihr alles und war froh, zu Hause zu sein.

Trotzdem waren die Depressionen noch immer da. Ich rief am nächsten Tag bei meiner Psychiaterin an und verabredete einen Termin. Drei Tage später saßen wir in ihrer Praxis. Wir mussten lange warten, aber wichtig war, dass sie mich aufrief.

Ich erzählte ihr von der Klinik und sie meinte nur, dass sie von Anfang an kein Lithiumfan war, aber ich hatte ja darauf bestanden. Da hatte sie recht, ich wollte es wenigstens versucht haben. Ich sagte ihr, dass ich mit den Medikamenten wieder anfangen wolle, mit denen ich vor acht Jahren gut eingestellt wurde. Damit war es mir lange gut gegangen.

Obwohl sie in der Klinik die Medikamente abgesetzt hatten, verschrieb mir meine Ärztin diese erneut. Auch die Schlaftabletten bekam ich dazu. Ich freute mich darüber und bedankte mich für den schnellen Termin bei ihr.

Sofort fuhren wir in die Apotheke und gaben die Bestellung auf. Nun fing ich wieder mit meinen alten Medikamenten an.

In den ersten Tagen verbesserte sich nichts. Ich konnte weiterhin erst am Abend etwas essen und lag viel im Bett. Oft dachte ich an die Klinik. Positiv daran war nach wie vor nur, dass ich dort abgenommen hatte.

Beim nächsten Termin sprach ich mit meiner Ärztin über den DNA-Test. Ich musste ihn in der Apotheke selbst kaufen. Er war teuer, aber sehr wichtig für mich.

Ich ging mit dem gekauften Test zur Praxis und mir wurde Blut abgenommen. Das Ergebnis sollte in 14 Tagen da sein.

Am nächsten Morgen wurde ich früh wach. Ich stand auf und vermisste die Übelkeit und die Ängste. Seit einigen Tagen nahm ich meine alte Medikation wieder ein und plötzlich merkte ich, wie gut es mir ging. Bisher war es erst gegen Abend besser geworden und der Tag war immer schlimm, was typisch ist für eine schwere Depression. Doch jetzt lachte ich wieder und sang unter der Dusche.

Was war geschehen? Ich konnte es mir nicht erklären, wieso die Medikamente plötzlich wieder wirkten.

Meine Ärztin sprach beim nächsten Termin direkt von Wunderheilung. Mittlerweile war auch das Ergebnis des DNA-Tests gekommen. Sollte es mir wieder schlechter gehen, dann hätten wir noch drei weitere Medikamente zur Auswahl, meinte sie. Dann müsste ich nicht unzählige Medikamente ausprobieren.

Die verschiedenen Antidepressiva werden in diverse Wirkstoffgruppen unterteilt. Ich nahm jetzt ein SSRI-Antidepressivum ein.

Jahrelang wurde ich durch meinen ersten Psychiater falsch behandelt. Er gab mir immer Proben aus seinem Schrank und nie ging es mir besser damit. Das Medikament, welches ich seit acht Jahren einnehme und gut vertrage, gibt es schon über 20 Jahre. Hätte er die Wirkstoffgruppe gewechselt, dann wäre mir ein langer Leidensweg erspart geblieben. Von 2000 bis 2007 war ich bei ihm in Behandlung, ohne auch nur eine kleine Spur von Besserung. Er schickte mich nur einmal in eine Rehaklinik in den Harz. Aber selbst dort ging es mir nicht wesentlich besser.

Heute kann ich sagen, dass ich mich wieder gesund fühle. Wenn die Depression wiederkommt, dann habe ich gelernt damit umzugehen. Ich sage mir dann immer: Das bleibt nicht so, das wird wieder besser.

Über mehrere Monate konnte ich wegen meiner Krankheit nicht an meinem Manuskript weiterschreiben. Jetzt, nach langer Zeit, war es wieder möglich. Ich hoffe sehr, dass ich vielen Menschen, die dieses Buch lesen, etwas Mut machen konnte. Eine Depression ist behandelbar, aber oftmals ist es ein langer Weg. Ich rate jedem, diesen DNA-Test zu machen, damit der Leidensweg verkürzt werden kann. Wie schon erwähnt, gibt es diese Möglichkeit noch nicht so lange.

Seit 13 Jahren habe ich keine Psychose mehr erlitten und durch meine Medikamente bin ich davor geschützt. Ich glaube auch nicht, dass ich Derartiges noch mal erleben werde.

Und wenn es trotzdem wiederkommt, weiß meine Familie Bescheid, was zu tun ist: Sofort die Feuerwehr anrufen. So haben wir es abgesprochen. Aber es wird nicht mehr geschehen, dessen bin ich mir sicher.

Wenn ich eine Narkose benötige, nehme ich kurz vorher mein Medikament ein und dann geht alles gut.

Wir haben jetzt Januar 2018 und ich bin froh und glücklich. Sehr dankbar bin ich meiner Familie, allen voran meinem lieben Ehemann, mit dem ich nun 30 Jahre verheiratet bin. Und das feiern wir!

Es gibt allen Grund zum Feiern. Ich bin zurück aus der Hölle, ich bin wieder gesund!!!

Depressionen kommen und gehen, das habe ich gelernt.